科学化视阈下网球运动教学实践阐析

杨旭东　于天博　谷　凡　著

中国纺织出版社

内容提要

如今网球运动作为人们普遍所喜爱一项体育活动，已经在全世界各地盛行。大学生群体对网球运动的热爱更是其他群体不能企及的，所以，高校网球教学活动的研究就会显得尤为突出。本书首先介绍了网球运动的起源、特点、功能、场地、器材等内容；然后阐述网球运动与健康、网球运动训练、教学原则、科学化的医务监督等内容；最后从网球的技术教学、战术教学、双打教学等方面入手，对网球的教学内容进行更加深入的研究，通过教学理论与实践的结合，为广大高校体育教师的教学工作提供更多依据。

图书在版编目（CIP）数据

科学化视阈下网球运动教学实践阐析 / 杨旭东，于天博，谷凡著. -- 北京：中国纺织出版社，2018.2

ISBN 978-7-5180-3597-7

Ⅰ. ①科… Ⅱ. ①杨… ②于… ③谷… Ⅲ. ①网球运动－体育教学－教学研究－高等学校 Ⅳ. ① G845.2

中国版本图书馆 CIP 数据核字 (2017) 第 104136 号

责任编辑：武洋洋　　　　责任印制：储志伟

中国纺织出版社出版发行

地址：北京市朝阳区百子湾东里 A407 号楼　邮政编码：100124

销售电话：010-67004422　传真：010-87155801

http：//www.c-textilep.com

E-mail：faxing@e-textilep.com

中国纺织出版社天猫旗舰店

官方微博 http：//www.weibo.com/2119887771

虎彩印艺股份有限公司印制　各地新华书店经销

2018 年 2 月第 1 版第 1 次印刷

开本：710×1000　1/16　印张：12.75

字数：228 千字　定价：57.00 元

前　言

网球运动是一项深受大众喜爱的体育运动项目，在全世界范围内都有非常深厚的群众基础，为了能够使大家更为深入地了解网球运动知识，特撰《科学化视阈下网球运动教学实践阐析》一书，希望大家在今后进行网球运动的过程中，不仅能够掌握网球运动的基本理念，网球技战术水平也有一个明显的提高。

本书内容可分为七个章节。第一章，主要阐述网球运动的一些基本概念，主要包括网球运动的起源、发展与演变和网球运动的价值和分类及网球运动的基本知识。第二章与第三章，主要从网球运动的科学化运动训练与医务监督两个方面论述，内容包括网球运动科学化训练理论、培养网球球感的科学化训练、网球基本步法的科学化训练、网球运动员身体素质和心理素质科学化训练、网球教练员的科学化训练、网球运动训练疲劳的产生与恢复、网球运动训练营养的消耗与补充以及网球运动训练中常见伤病及防治等。第四章至第六章，主要从网球运动教学的角度出发，全面阐述网球运动教学的理论与技战术教学方法，其中在网球教学理论这部分内容中，对于网球教学文件的制定进行了深入分析，并且对于技战术教学以图文并茂的形式展示给大家，具有比较明显的现实意义。第七章，主要讲述网球赛事的组织分类与管理，内容包括网球赛事的组织、网球竞赛的编排、网球运动竞赛裁判法、网球运动竞赛规则。

本书力图从理论价值和实践价值方面展示其丰富的内容。理论的发展最终是为了指导实践，希望本书能够在人们探索网球运动教学的道路上尽到微薄之力。

本书在撰写过程中，对前人有关网球运动的资料进行了借鉴和吸收，在此对其作者表示诚挚的谢意。由于时间仓促，水平有限，书中难免会有遗漏不妥之处，恳请广大读者朋友批评指正。

编者

2017年4月

目 录

第一章　网球运动概述

本章内容中我们将着重对网球运动的相关内容来进行分析，其中包含网球运动的起源与发展、网球运动的价值与分类以及网球运动的一些基本知识。

第一节　网球运动的起源、发展及演变

一、网球运动的起源

对于网球的起源，不同的人有着不同的看法。但是相关的资料显示，网球运动掌球游戏是室内网球的先驱。网球游戏有起源于希腊、古罗马和波斯等学说，《简明大不列颠百科全书》中说，网球运动起源于十二、三世纪法国的手掌球。

网球的玩法虽不尽相同，但是却大同小异，只是在不同的国家被赋予不同的名字，如在澳洲被称为 Royal Tennis；在美国则称之为 Court Tennis；在法国称之为 Jeude Paume(Handball)；在英国称之为 Tennis 或者细分称之为 Tennis、Real Tennis 或 Royal Tennis。

从大多数学者的观点来看，网球最早实际上是在法国成形的，因而可以说法国是网球的发源地。在十二、十三世纪时，法国的传教士为了调剂单调的生活，在教堂回廊里用手掌击球，这种游戏被称为“jeu de paume”。事实上，英语网球这个名词 Tennis 是从法语词 tenez 或是动词 tendere 演变而来的。其后，这一游戏逐渐出入宫廷，但是由于其平民化和大众化的特点，有损贵族的形象，因此被法国国王路易四世禁止。最初这种游戏在大厅进行，球以布裹头发用绳子绑成，场地中间高高架起一绳子，利用两手当球拍。

随着时间的推移，到 14 世纪时，网球这个游戏已经逐渐发展成

了一种竞技活动，网球活动深受路易十世的喜爱，并且经常进行网球比赛。14 世纪中期，网球运动在英国民间广泛传播，出现以球聚赌的现象，为了整治社会风气，法国国王查理五世颁布禁令，禁止在巴黎打网球。

又经过了 30 年左右的时间，也就是到 14 世纪 30 年代时，这种游戏传入英国，爱德华三世为了打球方便，在温莎城堡内修建了网球场，保留至今。据传在“英法百年战争”期间，法国王储向英皇亨利五世下了战表，而这种战表就是一箱网球，由此引发了阿金库尔战役。不过，网球也因此在英国盛行，成为英国上层社会的一种娱乐活动，因而有“贵族运动”之雅称。

随后网球运动也在法国和英国宫廷流传，发展到 16 至 17 世纪逐渐兴盛起来。在这个过程中，人们对以前的网球娱乐形式做了一定的改变，主要包括以下几个方面。

（1）球拍和击球方式的变化。起初，皇室贵族手戴皮手套击球，后来，人们厌倦了这种用手击球的方式，逐渐用球拍和板拍替代用手击球，后来拍板干脆也全变成了球拍，那时候的球拍是用木材制作的，表面用羊皮蒙着。

（2）除了击球方式，场地中间的球网也在发生着变化：刚开始时，球网只是一根绳子，后来逐渐增加了许多短绳子，我们现在所看到的场地中间的小方格网子是在 17 世纪初演变而成的，一直沿用至今。到了这个时期，网球拍经过一系列发展和完善，变成穿线的球拍。

（3）球的变化。球的变化其实是伴随着球拍的变化而逐渐演变的。刚开始，人们是用手接球和发球，所以球是比较柔软的，制作材料是羊毛和麻。后来出现了球拍，人们用皮革制成了球，并往里面填充了锯屑和细砂，不仅结实，而且保证了球的重量和弹性。自从穿线球拍诞生后，人们又创造了一种球，用皮革、棉、麻缠在一起，并在接缝处缝合。根据不同的场地背景，这种球还被分成了黑白两色。1845 年，人们创造了橡胶网球，标志着网球运动有了革命性的发展。

下面我们来看一下与网球的积分相关的内容。“积分”一词历史学家公认是来自于法语。其中“Ioue”来自“L’oeuf”一词，而”Deuce”来自“a deux”，积分顺序则为 15，30，40。起初网球赛每局 4 分。4 个 15 为一度，和 4 个 15 度构成 1/6 个圆一样，采用 1 为基数以计算每一分球的得失，至于45改成40，是为了报分发音的简便清晰。

1858年，英国人哈利·梅姆在伯明翰建造了一个“网球场”，促进了早期网球游戏的开展，又于1872年成立了莱明顿网球俱乐部，扩大网球游戏的影响。1873年，美国人沃尔特·克洛普顿·墨菲尔德改进了早期网球的打法，并取名为“草地网球”。他还于同年出版了一本以《草地网球》为题的书，书中详细介绍了此项运动，于是草地网球取代了板球成为英国最流行的室外活动，温菲尔德因此被称为“近代同球之父”。1875年英国的板球俱乐部修订了网球比赛规则后，于1877年7月在英国的温布尔登举行了第一届温布尔登草地网球锦标赛。

由于网球运动的不断传播，1896年第一届奥运会时，网球被列为正式比赛项目，后来由于国际奥委会和国际网球联会在“业余运动员”的定义上有分歧，国际奥委会取消了奥运会中的网球项目。1984年在第23届洛杉矶奥运会上，网球比赛被列为表演项目。1988年在汉城奥运会上，网球又重新被列为奥运会正式比赛项目。20世纪70年代以后，网球运动快速发展，器材生产技术不断发展，并出现了一批优秀的选手，人们观看网球比赛的积极性空前高涨。

二、我国网球运动的发展

（一）我国网球运动发展史

纵观我国网球运动发展，其历史基本可以概括为三个阶段，即1978年以前，1978年到21世纪前，21世纪的网球运动。为了使其有一个更加清晰的框架，我们将这三个阶段通过框架图来表示，分别如图1-1-1至图1-1-3所示。

图1-1-1所示为我国网球运动发展史中的第一个阶段，其具体内容如下。

1978年之前

1895年，网球运动传入我国。最开始时只有部分教会学校开展了这项运动，如北京汇文学校、通州协和书院、上海圣约翰书院、广州岭南学校以及香港的教会学校等，且参与的人仅限于上流社会人十和少数学校师生。后来，网球运动在我国上海、香港、北京、天津、广州等大城市和一些通商口岸城市中相继开展起来。

1913年远东运动会设立网球为正式比赛项目。1915—1934年，中国男子网球队共参加了九届远东运动会比赛。女子网球队参加了第6届和第10届远东运动会的表演赛。在第8届远东运动会上，以邱飞海、林宝华为主力的中国队登上了冠军宝座。1924–1946年中国选手还参加了6次戴维斯杯网球赛。

1953年中国网球协会成立，由吕正操担任主席，同年在天津市举办了首次全国网球表演赛。1956年7月9日至8月17日，印度尼西亚草地网球协会派队访华，双方先后在北京、天津、上海、南京、广州等地进行了24场比赛，客队胜15场、负8场、平1场。这是新中国成立后首次进行的网球国际交往，促进了网球运动在中国的发展。

在经历了一系列网球运动比赛之后，中国网球运动员曾先后同30多个国家和地区交往，参加过不少大型国际比赛，并取得了较好的成绩。从整体上来看，这一时期我国还对全国网球单项比赛、全国硬地网球冠军赛、全国青少年网球比赛等赛事定期进行举办。另外，也大范围开展了老年网球赛、高校网球赛、少年网球赛等赛事，这些竞赛对促进网球技术水平的提高起到了积极的推动作用。

十年动乱对我国各个方面实际上都产生了不小的影响，网球运动同样不例外。在这十年中，网球运动水平停滞不前，甚至倒退，与国际网坛也几乎断绝了交往。

图1–1–1

图1–1–2所示为我国网球运动发展的第二个阶段，从时间上来看是从1978年到21世纪前，具体内容如下。

1978年到21世纪前

1978 年后，随着我国经济的快速发展，我国网球事业也步入了腾飞阶段。

1980 年，中国网球协会被国际网球联合会接纳为正式会员，我国网球运动发展水平大大提高。网球运动的发展呈现出勃勃生机，越来越多的人喜爱网球运动，直接参与网球运动的人数急剧上升，一些大中城市开始建造网球中心或俱乐部，一些高校也建造了网球场，网球运动在我国大中城市，特别是在我国高校轰轰烈烈地开展起来。

1986 年第 10 届汉城亚洲运动会网球赛上，我国选手李心意获女子单打冠军。在 1990 年第 11 届北京亚运会网球赛上，我国网球选手夺得了 3 枚金牌（男子团体冠军、潘兵获男子单打冠军、夏嘉平和孟强华获得男子双打冠军）、3 枚银牌和 1 枚铜牌，创造了历届亚运会最好成绩。

图 1–1–2

图 1–1–3 所示为我国网球运动发展的第三个阶段，是从进入 21 世纪开始，具体内容如下。

21世纪的网球运动

进入 21 世纪，随着我国网球运动更进一步发展，在训练和竞赛体制上对网球运动的规律严格遵循，并结合本国的实际情况发展网球运动，我国选手又取得了更好、更值得骄傲的战绩。

2007 年初，在悉尼网球公开赛上 . 李娜进入四强，并将自己的世界排名提升到第 16 位，创造了中国选手的最高世界排名。

2008 年北京奥运会，李娜连克 3 号种子库兹涅佐娃和 8 号种子大威廉姆斯等好手，获得女子单打第四名，创中同运动员网球女单奥运会的最好成绩。

21世纪的网球运动

2010年6月28日，在温网第四轮比赛中，李娜凭借实力首次进入世界第9强，再创中国选手新高。

2014年1月，李娜第三次跻身澳大利亚网球公开赛决赛并最终收获女单冠军。

2015年1月，郑洁与詹咏然搭档，获得澳网女子双打亚军；6月，在伊斯特本举行的草地网球赛女双决赛中，郑洁与詹咏然搭档获得亚军。

2016年中国网球大奖赛的男单决赛率先开打，结果年仅17岁的浙江队小将吴易昺仅仅耗时50分钟就以6–2/6–1击败了三届赛会男单冠军张择，“一黑到底”地捧起了2016中国网球大奖赛的男单冠军奖杯。

图 1–1–3

上述我们所列举的这些比赛，虽然我们看到了令人欣喜的一面，但是，这些成绩与其他国家相比较来说，还存在很大差距。这需要我国网球教练、运动员及相关人士继续努力，共同促进我国网球运动的快速发展。

图 1–1–4 所示是中国网球运动发展历程中一些网球运动的大事件，图的左侧为大事件发生的时间，右侧为具体的事宜。

网球运动大事件（I）

1860 年	英法联军在天津紫竹林修建练兵场，附带网球场。
19 世纪末 20 世纪初	以上海圣·约翰大学为首的 14 所教会学校率先举办网球活动。
1953 年	在天津举办的全同四项球类运动会上，网球成为正式比赛项目。
1955 年	中国派遣代表队参加英国温布尔登网球锦标赛。
1971 年	十年动乱尚未结束，一些地方体工队悄悄组建网球队。
2003 年	优秀的中国球员正式注册为职业球员，开始参加巡回赛。
2004 年	孙胜男夺得澳大利亚网球公开赛青年组女子双打冠军，成为中国历史上第一个大满贯冠军。 李婷、孙甜甜获得奥运会女双冠军，是中国网球在奥运会上获得的第一块金牌。
2005 年	彭帅在阿库拉精英赛中闯入四强，成为第一个进入 WTA 一级赛的单打四强选手。
2006 年	郑洁、晏紫在澳网和温网女双比赛中夺得冠军，创造中国选手在四大满贯赛中的最佳成绩。

（a）

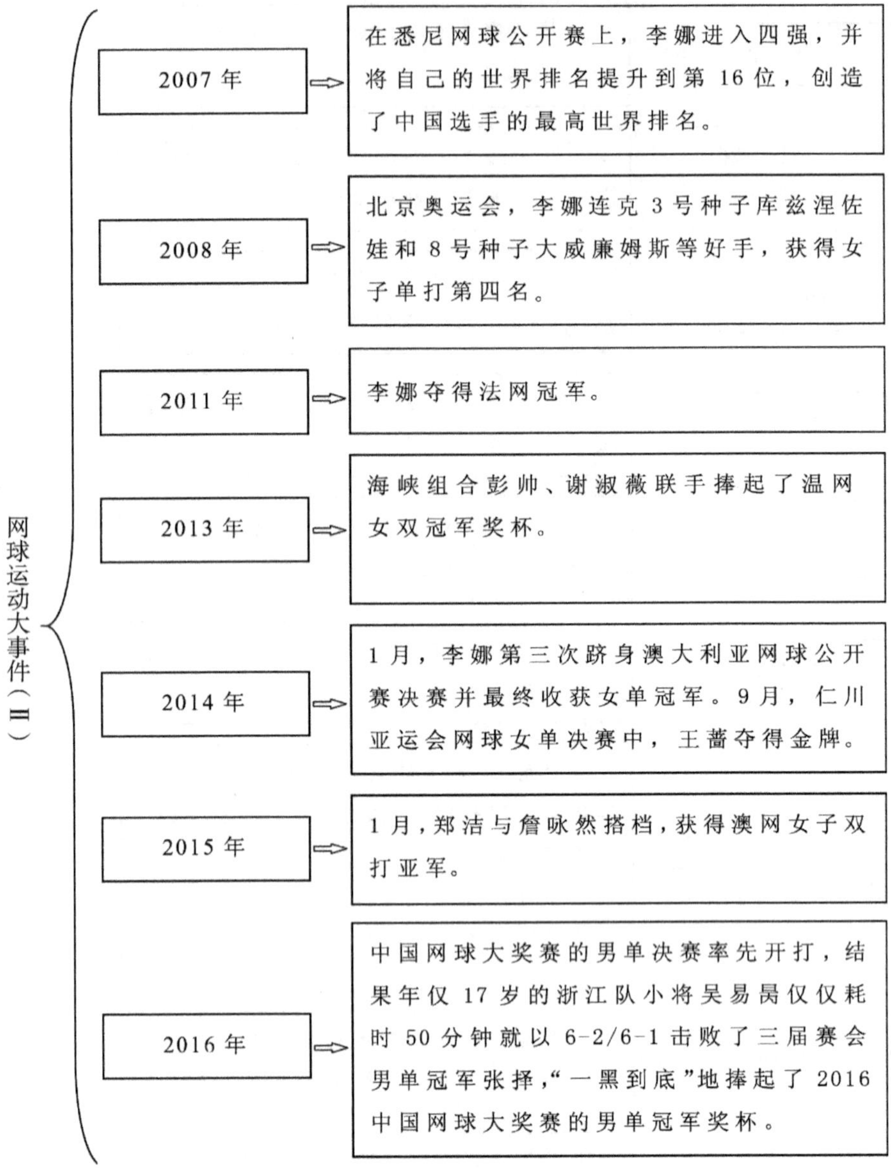

（b）

图 1–1–4

（二）我国高校网球运动发展状况

在我国育校网球运动发展状况这部分内容中，我们主要针对硬件发展状况，软件发展状况以及未来发展的几点建议来进行分析，具体内容如下。

1. 硬件发展状况

（1）场地现有设施状况。

影响高校网球运动顺利开展的因素有很多，其中场地设施状况就是重要因素之一。可以说，完善的网球运动场地设施与完备的器材为网球运动提供良好的保障。一般来说，网球运动的场地因素包括网球场的数量与质量，它们会对高校网球运动的教学情况产生直接影响。同理，网球运动器材的数量和质量也会对其产生重要影响。

就目前我国网球场地的建设来说，主要存在两个方面的问题：一方面，网球场地的修建需要占用很大面积，而我国各大高校都在不断扩大招生，所以很多场地都被用来扩建教学楼、宿舍楼等学校基础设施，留给网球建设的场地更少了。另一方面，我国高校目前在网球运动方面投资较少，导致场地建设缓慢等。这是目前看来比较明显的两个问题，使得我国高校在促进网球运动的发展方面存在极大阻碍。因为这些阻碍的存在，很多高校不得不在学生网球课程上做限制，安排的网球课程很少，甚至因为场地等不足，很多网球课程无法顺利开展，导致学生学习网球的机会大大减少。

除了上述我们所说的这些制约高校网球运动发展的因素之外，还有一个不可忽视的因素，那就是高校领导的重视程度。相关调查表明，大部分高校的领导对网球运动重视程度一般，这也是限制我国高校网球运动发展的一项重大因素。对此，高校领导应该加强对“网球运动对学生体育教育的影响”的认识，提高重视程度，为学生的学习提供良好的环境。

（2）场地使用情况。

虽然网球场地的建设投资比较大，但是在我国还是有一些高校建有网球场的。通过对这些高校对网球场地的利用情况进行调查，我们发现，几乎所有高校网球运动场的主要功能都是用于网球教学和网球训练，有时也会用于举办网球竞赛、教师活动等。但是对网球场不了解的人可能会误认为网球场地就和篮球场足球场差不多，实际不然。相比较足球场和篮球场来说，网球场的造价更高，而且后期养护与管理需要投入很多的人力和物力。也正是因为这样，很多高校的网球场在学生上课和训练之余都是处于闲置状态，这也是为了减少外来人员进入场地，减少对场地的破坏。但是，有些高校从另一个角度思考，将网球场通过盈利的方式对外开放，收获的利润用来投资对场地的养护。这实际上也是一种良性循环。

综上所述，总体看来我国高校的网球运动场还是得到了比较高效的利用的。

2. 软件发展状况

软件与硬件不同，不是我们能实实在在看到的实体，因此，它们的发展更应该受到重视。这里我们主要列举影响学校网球运动的三种软件设施，分别是师资队伍建设、专业团队建设和教学情况，具体如图 1–1–5 所示。

师资队伍建设

- 师资能力 ⇨ 如果教师是通过系统学习获取网球技术的，就能够使学生的网球技术学习过程不断系统化，这类教师能够对网球教学的节奏与规律进行良好的把握。而通过紧急培训和自学获得网球技术的教师对网球教学的发展难以适应，在网球教学过程中会遇到许多问题，也会走很多不必要的弯路。
- 师资条件 ⇨ 就我国高校教师的自身条件上来看，有三年以上教学经验的网球教师占到很少一部分，三年以下教学年限的教师比例较大。教师团队中拥有研究生学历的教师占到大多数，也有一部分教师是本科学历。从其获得的教师职称上来看，其中绝大部分是初级和中级，只有少数的网球教师职称是高级。
- 师资配备 ⇨ 从高校网球教师的配备情况上来看，大部分高校只配备了 3~4 位网球教师，少部分高校配备了 4~5 位网球老师，而配备 5 位以上网球教师的高校只有几所。可见我国高校网球教师数量上存在不足的现象。

图 1–1–5（a）

专业团队建设

- **我国网球运动现状** ⇒ 近些年我国网球运动迅速发展。这就为高校网球运动的发展提供了良好的机会，一些高校对网球专业队进行了组建，并且也创办了一些以网球运动为主要运动项目的特色学校，以此来促进高校网球运动的不断发展。
- **高校网球团队建设情况** ⇒ 我国高校网球专业队的建设并不是很理想，大多数高校并没有建立网球专业队。只有少部分的高校成立了网球专业队，且这些高校即使成立了网球专业队。但专业队的运动水平较低，而且专业队中也存在许多问题。
- **网球团队建设的因素影响** ⇒ 高校网球专业队建设不但与网球后备人才的输送有关，而且与网球师资力量的培训工作有关，这样就可以反映出高校网球运动的开展也会受到高校网球专业队发展的影响与制约。

图 1–1–5（b）

教学情况

- **课程性质** ⇒ 课程的性质存在不合理的现象，而且教学方法过于陈旧，不能取得良好的效果，所以也不能让教师感到满意。
- **教学方式** ⇒ 从网球运动的教学方法来看，大多数高校教师认为现在高校网球教学方法比较合理，而认为现有教学方法不合理的教师只有少部分。
- **教学时数** ⇒ 网球运动的教学时数不合理。我国一些高校网球运动的教学时数为 36 学时，有些高校是 72 学时，但有些学校的网球教学时数很少。
- **授课形式** ⇒ 从网球运动的授课形式方面来看，我国高校以自身的现实状况为依据开设了不同形式的网球课程，主要有两种性质的课程，即必修课和选修课。授课形式也有两种，即小班和大班。

图 1–1–5（c）

3. 高校网球运动发展方向的几点建议

第一，大力宣传网球运动。未来教育 = 人脑 + 电脑 + 网络，这是我国著名科学家钱学森曾经对未来教育的论述。从这一等式中看出，在未来教育中网络的作用极其重要。在 21 世纪，人们对体育信息进行接收的主要途径就是网络，悉尼奥运会期间，奥运官方网站的访问量达到了 72 亿次就是很好的证明。因为网络是人们接收信息的主要途径，通过网络进行宣传必然能够收到很好的效果。因此高校应该建立网球运动项目的专门网页，并对网页内容进行及时更新，使学生及时了解世界最新、最快、最前沿的网球运动信息，以促进网球知识在高校中的快速传播，从而实现对网球运动进行普及的目的。

顾名思义，分层教学就是在原有教学班级制度的基础上，保证原有的教学计划能够顺利进行的情况下，有效地根据不同的教学群体特点来选择不同的教学手段与教学方式，对于一些基础较好或者是水平较高的学生来讲，应该设立一些较高层次的教学。在具体实施分层教学的时候，我们应该根据学生的兴趣爱好、学习能力、学习水平以及接受新知识能力的高低，人为地将学生大致分为三个层次的教学，可将该教学组命名为休闲组、竞技组和技能组，在某些特定的约束下将这三层次的学生比例控制在 2∶1∶3 左右，但是也没有必要正好约束到这个比例，人数大概比例达成这个标准即可。

对于这三个层次的教学情况需要教师制定出不同的教学计划，重点在教学目标、教学方法以及教学对象三个方面中要体现出不同的教学水平（图 1–1–6）。

分层教学模式

- 休闲组
  - 教学方法：分解教学法、自主教学法、激励教学法、情感教学法、小团队教学法。
  - 教学目标：在娱乐休闲的过程中使学生掌握网球技术，提高身体素质，并存学习的过程中使学生体验到成功的快乐，具备基本的网球运动能力，形成良好的锻炼习惯和参与体育的意识。
  - 教学对象：身体素质、运动能力较差，具有个性的学生。
- 技能组
  - 教学目标：使学生熟练掌握网球技能，并运用该技能进行体育锻炼，提高自身的身体素质，使学生在锻炼过程中体验到运动的乐趣，掌握锻炼方法，形成积极的学习态度。
  - 教学方法：自主教学法、同步教学法、情感教学法、激励教学法、小团队教学法。
  - 教学对象：有较好身体素质和运动能力，对网球技术有较高要求的学生。
- 竞技组
  - 教学目标：使学生的网球技术水平和身体素质达到较高的水平，充分体验网球运动的快乐与刺激。具备参加更高级别的网球竞赛的能力，展示学生的自我价值，使学生的骨干带头作用得到充分发挥，进而使自己的能力得到锻炼与提高。
  - 教学方法：团队教学法、自主教学法、竞技教学法、激劝教学法、对比教学法、小团队教学法。
  - 教学对象：具有体育天赋，对网球技能有更高要求的学生。

图 1–1–6

第二，建立竞赛管理体制。网球比赛具有竞争性质，为了赢得比赛，学生会积极参与训练，有利于提高学生学习的积极性。同时，通过比赛的过程和结果，我们也可以清楚地看到每个学生身上存在的优点或问题，有利于后续进行有针对性的纠正训练，从而不断提高他们的技术水平。从这个角度来说，网球比赛也是检验学生们训练效果的一种很有效的方式。除此之外，在比赛时，学生还可以见识到很多竞争对手的技巧，从他们身上学习自己不会的技能，从而不断提高自己的网球技术水平和比赛能力。

第三，加大师资投入力度。网球运动对于促进人们身心健康是非常有利的，因此，在高校中开展网球教学活动，对促进学生的全面发展是非常有利的。当然，网球教学要想达到预期的效果，必须投入更多专业的师资力量。一般说来，从事网球教学的教师都具有很强的竞技水平，他们的专业技能当然是不可否定的，但是在进行网球教学的时候，教师需要注意一个问题：网球教学与网球竞技有着很大的区别，因此教师在教学过程中还要从多个方面着手进行学习。首先，教师应该针对专业知识进行系统化的学习，不能将网球竞技与网球教学混为一谈；其次，为了提高教学效率，学校可以经常举办一些专家座谈、业务交流等活动；最后，为了丰富教师的专业知识并巩固其技能，学校可以鼓励教师多参加高水平的网球赛或培训。

第四，培养终身网球意识。不止是在网球运动中，实际上，在任何一项学习活动中，学生都是学习的主体，因此，学生应该充分发挥自身的主动性和能动性，主动发掘自己需要和想要学习的知识，并不断开拓途径，为实现目标而努力。就拿网球学习来说，在学习过程中，学生可以发现很多与自己志同道合的伙伴，首先，这可以丰富自己的交际圈，对培养自己的人际交往能力有很大帮助；其次，通过和这些与自己有共同爱好的人相处，学生们可以发现并学习对方的优秀品质，不断提升自我、挑战自我。

（三）我国网球运动的发展现状

通过对相关资料的了解我们得知，新中国成立前，社会上普遍认为网球属于贵族运动，所以很少有人参与。学生、教师、外侨和社会上层人士是主要的网球参与群体。十年动乱时期，与许多体育项目一样，网球也被打人“冷宫”。1972 年，我国网球运动重新得到开展。改革开放后，我国经济发展及综合国力都在大幅增强，人民的生活水平也随之提高，这时网球运动在良好的环境中得到了快速发展。

现阶段我国网球人口遍布全国，达到100多万，全国的网球场地数量也在不断增加，这说明我同网球运动的发展面临着越发广阔的市场。遗憾的是，虽然打球的人在增加，但是我国真正欣赏网球运动的人却很少。每年举办全国卫星赛时，只有少数人入场观看赛事，在个别比赛中，观众甚至还不如运动员多。但上海大师杯赛却有很多人入场观看，可能观众更愿意观看高水平的网球比赛。

通过我们对相关因素的分析即可得出，实际上制约我国网球发展的重要因素就是场地少、场租费用高，当然还有其他的因素在其中，但是这两者因素一定是不可忽略的。我们拿上海为例来进行说明，在上海，平均每20万人一块场地，可见网球场地数量极少。在美国，每1万人就有5片场地。另外，我国很多工薪阶层都难以承受较高的网球运动消费。20世纪90年代，我国迈出与国际接轨的探索之路，实行新的巡回赛制，并设有奖金、排名，但这样的赛制在经历了短短几年的火热之后，因为缺乏赞助资金而变得越来越冷清。可见，网球运动要想维持强大且持久的生命力，就需要群众基础、资金、市场化运作等做后盾。

就目前来看，据相关数据表明，我国有4万左右的青少年在从事网球活动，有两千名左右的人注册专业运动员。而我国网球发展的一个主要困扰就是高水平的运动员较少，在世界网球大赛中很少有运动员可以取得良好的成绩。在国际体坛中，网球运动的职业化程度非常高，一整套固定的职业化运行模式基本已经形成。

除了上述我们所说的这些之外，我国网球运动的发展还同时面临着体制薄弱的问题，运动员工资基本固定，国家承担其生活费与医疗费，他们在没有压力的情况下参与训练和比赛，产生了较强的优越性，而且在比赛中取得良好的成绩后还会有高额的奖金。这样，运动员经常处于轻松的状态，很难培养其良好的拼搏精神与意志品质，成绩也很难取得快速提高。

当然，我们所说的这些归根结底都属于网球运动发展的一些外部因素，其实，网球运动发展的本身也是存在一些矛盾与局限的，下面我们将对这些内部因素来进行分析。

1. 教练训练水平有限

前国际网联主席贝蒂曾经非常坦率地指出，中国网球教练员水平较低是影响中国网球发展的一个重大问题。的确，网球比赛成绩直接受到教练员执训水平的影响。现在，我国网球教练员大都是早期退役的运动员，这些教练员的普遍特点就是年龄偏大，观念较落后，而且更新速度慢，训练方法传统，没有很强的创新观念与能力。

作为一名优秀的网球教练员，其自身所具备的素质首先要能够对世界网坛的最新技战术发展和动态能够在第一时间迅速了解与掌握。并且，随着网球技术的发展与创新，教练员应该对世界网坛的发展动态、技战术变化等各方面的知识加以全面的了解与熟悉，以便能够将训练方法与手段及时更新。通过对比中澳网球教练员的执训特征后发现，澳籍教练员为了对运动员的训练积极性进行调动，会组织球员参与具有较强趣味性的对抗运动。在指导运动员进行技战术训练时，教练员通过画图与演示来对网球运动原理及战术原理进行讲解，以使运动员能够直观地接受。这些教练员还经常通过对比的方法来对网球技术进行分析，对训练和竞赛的智能化作用尤为重视。

2. 训练态度不端正

国外的一些网球运动员为了能够参加世界性的网球大赛。往往会付出他人难以想象的努力。例如，俄罗斯球员萨芬 13 岁时在举目无亲、语言不通的情况下独自前往西班牙参加培训；瑞典名将博格自己背着帐篷参加比赛，正是因为他们付出了常人没有付出的代价，所以才能够一步步取得成功，得到应有的回报。

但是，从我国运动员所持的态度上来看则与国外的运动员有所不同，他们很少会自觉地投入到刻苦的训练中。有些球员心生厌倦，甚至希望快些退役。有些人只想利用自己的运动员身份去赚钱，很少将心思放在训练与比赛上。大部分运动员都是以“要我练”的心态参与训练的，而不是自发地以“我要练”的态度参与训练。如果运动员个人心态出现问题，即使有教练员监督，也难以取得良好的训练效果。可以说，我国很多网球运动员参与训练的动机都不是很明确，动力也就不会很大，他们很少有向自己挑战的勇气，缺乏战胜一切的精神。

3. 理念与方法与实战脱节

通过相关调查我们可以发现，大部分省体工队的训练都是单纯的底线对攻打法，连续对打十几拍甚至几十拍，只是以熟练的技术和顽强的意识，消极地等待着对手的失误，这样运动员就难以形成主动进攻的意识。运动训练的科学性与有效性是保障比赛成绩提高的基础，而现阶段我国网球运动发展存在的主要问题之一就是训练和比赛脱节，没有从实战的角度出发组织具体的训练工作。平时训练的内容在赛场上用不到，而用得上的在日常训练中没有得到应有的重视。并且，在战术组合上略显粗糙，以不变应万变，很少灵活采取变化的战术行动，对网球竞技制胜的规律没有进行深入的把握。

从当前各大网球比赛中我们即可发现，比赛中的球速、力量都较以前有了飞速的提高，一场比赛结束后，比分的70%都是在双方运动员各击二至三拍就能分出胜负。所以，应将头三拍作为训练的重点，发球和接发球的训练尤其关键。因为在一场比赛的比分中，发球、接发球的得分总和几乎占到一半。此外，在日常训练中，教练员要指导运动员对先进打法加以掌握，使运动员可以用较大的力量和较快的速度击球，积极进行网前拼抢，树立良好的攻守转换意识，从而形成自己独特的技战术风格。

通过上述我们队网球运动发展过程中自身所存在的缺陷与问题即可从中总结出促进我国网球运动快速发展的方法。比如说提高网球比赛成绩就需要更新训练理念，采用科学的训练方法，端正运动员的训练与比赛态度，从而提高教练员的专业素质与执训能力。但是，我们在关注上述问题，采取有效措施解决上述问题的同时，还要对与中国国情相适应的网球发展之路进行积极的探索。具体就是要努力提高我国网球运动的普及性，促进网球训练及竞赛管理体制的不断完善，对传统的训练方法及模式进行更新，为运动员参与国际网球赛事提供机会，促进运动员及教练员网球科研水平与实践能力的提高，加强各级院校中网球课程的开展，促进网球教育改革力度的深入等等。

第二节　网球运动的价值和分类

一、网球运动的价值

相关实践研究表明，长期参与网球运动可以增强人体的新陈代谢，促进人体机能的正常运转，改善神经系统的功能，保持人体内部环境与外部环境的平衡，对增进人体的身心健康、发展智力、培养坚忍的意志品质具有积极的促进作用。

（一）身体素质方面

网球相对于乒乓球、羽毛球来说，球拍和球都相对较重，因此，运动员在挥拍的时候，往往需要更大的力量。也正是因为这样，网球运动更有利于提高个体的力量素质。而反过来说，拥有一定的力量基础也是网球运动员应该具备的重要素质基础。另外，如果留心观察不难发现，网球运动员往往比一般的乒乓球、羽毛球运动员看起来更强壮，这是因为网球运动员在发球和接发球的时候需要很大的肌肉爆发力，经过长期的锻炼，他们的肌肉力量能得到有效地提高。

1. 提高个体的柔韧性素质

网球运动要求动作能够充分伸展，如发球时的背弓动作，对运动员的肩关节和腰部的柔韧性要求很高；再如在一些大角度的来球或上网截击时，就要求选手要有良好的下肢柔韧性。

2. 提高个体的速度素质

网球运动有着“用脚跑的运动”的美称。网球场地在隔网类运动项目中比较大，在这样大的场地上进行隔网对抗，进行调动与反调动、控制与反控制的对抗基础便是积极地跑动。在比赛中，往往谁跑得快、跑得远、跑得准确，谁便占据了较大的比赛优势，这对于个体的速度素质不仅是一种考验，也是一种锻炼。

3. 提高个体的耐力素质

网球运动本身就是一项消耗特别大的运动，尤其是对于职业运动员来说，他们每天需要锻炼很长时间。有时为了打一次五局三胜的比赛，要打满五局往往需要四五个小时的时间。而且网球场地是露天的，很多时候运动员需要在30℃左右的高温下进行比赛，这样长时间、高温天气，加上高度紧张的比赛状态，就需要运动员具备良好的耐力素质。从另一个角度来讲，这样高强度、长时间的运动形式，也可以很有效地提高运动员的有氧代谢能力，从而提高其耐力水平。

（二）社会交往能力方面

在我们日常生活中，当一些人出现孤独、人际关系不良等障碍时，很少有人会考虑通过体育手段来加以消除。事实上，体育运动既是身心运动，也是社会运动，不仅有利于身心健康，而且对人的社会健康具有积极的促进作用。网球场上，人们通过切磋球技而相识、交流，球友之间没有年龄的界限，没有性别的障碍，更没有门第的高低，网球运动以其自身的特点，对提高人的社会交往能力产生着积极的影响。

（三）呼吸系统方面

运动分为很多种，有无氧运动也有有氧运动，相比较来说，当今社会中人们更加注重有氧运动的运动形式。与其他运动相比较来说，网球运动是一项以有氧、无氧运动相互交替，但以有氧运动为主的运动；经常进行网球运动，可以使呼吸系统的机能得到改善和提高。在网球运动过程中，随着身体对氧气需要量的逐渐增加，呼吸系统的机能也便随着呼吸肌力量的增大、胸廓运动能力的增强、肺泡弹性的增强而得到加强。所以，经常进行网球运动能有效地增强人体的摄氧能力。普通人的肺活量为3000~4000毫升，而网球运动员一般可达5000~6000毫升。同时，网球运动也是一项提高呼吸功能的有效运动，如果要适应强烈的网球运动，运动员需要具备强大的肺活量。为了达到这一目的，很多运动员除了日常的训练，常常还需要通过爬山、游泳等活动促进体能的发展。

（四）心理健康方面

人们生活在社会中，由于社会都市化逐渐加强，人们的生活越随着社会节奏的加快，越来越紧张忙碌，高压的状态让新时代的人们普遍出现各种各样的心理和生理疾病。针对这部分人群来说，进行适当的运动对他们是有很大帮助的。从生理来说，正确的运动可以增强人体的免疫功能，并在此过程中，让身体的各项机能都得到休息和恢复。从心理来说，适当的运动可以放松心情，疏解压力。网球运动相比一般运动来说，强度适当，趣味性强，而且不仅可以在室外运动，室内也可以，因此无论对于工作忙碌的上班族还是普通人来说，都是比较方便的。

二、网球运动的分类

从整体上来看，我们可以将网球运动大体上划分为两种类别，其中一类是大众网球，另一类是竞技网球。

（一）大众网球

随着经济的发展，人们的生活水平在不断提高，人们对生活的追求已经不仅仅局限于物质生活的满足，更突出的是人们日益增长的对精神文化的需求。所谓大众网球，就是以网球运动为基本手段的各种网球活动，它们的直接目的就是促进身心健康、丰富业余生活。这种类型的活动主要侧重于锻炼价值，而不像专业网球比赛一样，对力量和速度的限制没有那么高。因此，这种运动所针对的人群也更加广泛，无论是几岁的孩童还是上了年纪的老人，都可以参与进来。而且与其他运动相比，大众网球更加优雅时髦，现在已经在世界范围内掀起一股“大众网球热”。

在国外一些经济发展水平较高的发达国家，其大众网球运动开展得很好，网球俱乐部、网球协会很多，水平也较高；国内由于受经济条件所限，场地较少，专门从事网球教练、教学的人员也严重不足，参加人员主要是高校的教师和学生以及社会上一些有时间及经济能力的人士。

目前要解决我国大众网球普及程度的问题，有以下两种途径可以参考：一是要加大对网球场馆的建设，培养一大批业务过硬的教练、教学人员；二是要培养出优秀的青少年网球选手，如果他们能在世界性的网球比赛中夺冠或进入世界排名前10位，将会极大地带动国内大众网球运动的开展。总之，要普及我国的大众网球运动还有很长的路要走。

（二）竞技网球

大概是在20世纪60年代，网球职业选手开始逐渐被社会所承认，选手们赢得比赛可获一定数量的奖金，并可为自己积累一个良好的纪录，让人们了解他们是优秀的选手，为以后的比赛争取到更高的出场费。一些优秀的运动员还能得到各种赞助，如训练用球、球拍、球线、服装，并在广告上取得丰厚的收益。

目前，每年重要的网球比赛有澳大利亚、法国、温布尔登以及美国四大网球公开赛(大满贯赛事)和年终的大师杯总决赛，其他的还有一系列WTA积分赛和大师杯系列赛。在一年当中，积分前8位的男子网球选手可参加年底举行的大师杯总决赛。在征战了一年之后，穿上统一的衣服，参加只能是世界前8名种子选手才能参加的比赛，这本身对运动员来说也是一种荣誉的象征，是社会对他们努力的承认和回报。上述这些比赛是以选手个人名义参加的，而国家之间的比赛，男子有戴维斯杯团体赛，女子有联合会杯团体赛。目前列入网球比赛的项目有男子单打、女子单打、男子双打、女子双打、男女混双5项。

第三节　网球运动的基本知识

一、网球常用语

（一）持拍手与非持拍手

“拍”指的是网球球拍，所谓持拍手，顾名思义就是正握着球拍的手，而非持拍手是指没有握拍的手。

（二）技术名称

1. 正手技术于反手技术

所谓正手技术，是指握拍手同侧的技术。同理，反手技术是指握拍手异侧的技术。

2. 发球技术

由正手技术派生出来的发球技术，当采用正手发球时，就称为正手发球技术。右手握拍的运动员，在击右侧球时所用的技术就称为正手技术，并由此派生出正手发球技术、正手击球技术等技术名称。

（三）击球基本路线

球在球场上空飞行弧线的投影线称为击球路线。通常情况下来说，网球运动基本击球路线有以下几种形式。

（1）右方斜线。

（2）右方直线。

（3）左方斜线。

（4）左方直线。

（5）中路直线(左、右以击球者为标准)。

（四）击球时间

来球在本方场地弹起后，其运行轨迹从着场点上升再下落至触及地面以前的过程大致分为五段，具体如图 1-3-1 所示。

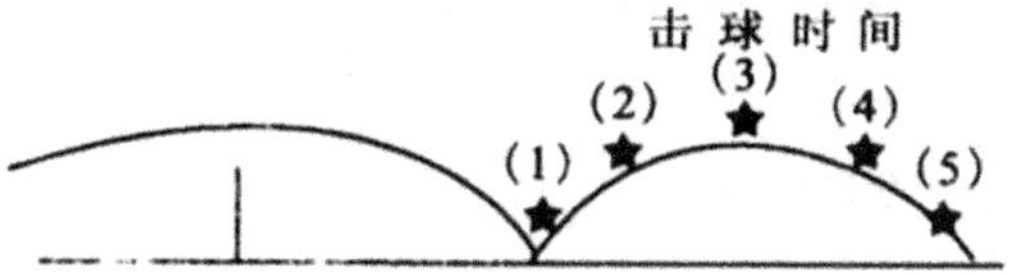

图 1-3-1

1. 上升前期

所谓上升前期主要是指球从场地反弹刚上升的阶段。

2. 上升后期

这里我们所说的上升后期主要是指球从上升前期到接近最高点的阶段。

3. 高点期

从其命名上我们就能够非常清晰地看出来，高点期就是球从上升前期到接近最高点的阶段。

4. 下降前期

球的下落可分为两个阶段，这里所说的是下降前期，指球从高点期开始下降的最初阶段。

5. 下降后期

球下降到接近地面之前的阶段。

（五）击球部位

球拍触及球的部位，称为击球部位。图 1–3–2 所示为击球部位示意图。

图 1–3–2

从击球部位的种类上来看，大致可将其划分为五种类别，具体分类如下。

1. 上部

球拍触球大约 12~1 的部位。

2. 中上部

球拍触球大约 1~2 的部位。

3. 中部

球拍触球大约 3 的部位。

4. 中下部

球拍触球大约 4~5 的部位。

5. 下部

球拍触球接近 6 的部位。

（六）触拍部位

习惯上我们将球触及球拍的部位称为触拍部位。从其种类划分上来看，大致可将其划分为五种类别，具体内容如下。

1. 甜点

触及球拍中心附近的位置。

2. 前沿

前沿和后沿没有明显的区划。首先对正来球的拍沿称为前沿。因此，前（后）沿位置的确定可以根据接不同来球的具体情况相互调换。

3. 后沿

与前沿位置相对应的拍沿，称为后沿。

4. 顶沿

球击在靠近拍头附近的区域。

5. 拍底沿

球击在靠近拍柄一侧拍沿附近的区域。

（七）拍形角度

这里我们所说的拍形角度主要是指球拍面与地面所成的角度。根据其类别的不同我们可以将其划分为七种，分别是拍面向下、拍面稍前倾、拍面前倾、拍面垂直、拍面后仰、拍面稍后仰、拍面向上。

（八）拍面方向

拍面方向是指球拍的拍面所朝向的位置。拍面方向可分为三种：拍面朝左、拍面朝右、拍面朝前。

（九）击球点

运动员击球时球拍与球相接触那一点的时间、空间位置称为击球点。其内容包含三个方面，具体如下。

（1）距身体的左右距离。

（2）接触点距身体的前后距离。

（3）拍和球的接触点距地面的高度。

在网球运动中，选择合适的击球点至关重要。以下两点可帮助我们准确地找到击球点：第一，判断要准；第二，步法移动要到位，同时要求要快。

（十）击球方式

从击球方式的不同上来看，大致可将其划分为以下几种类别。

1. 正手击球

习惯上我们将在持拍手同侧，用掌心一边的拍面击球称之为正手击球。

2. 反手击球

与上文中所说的正手击球相反，在持拍手异侧，用手背一边的拍面击球称为反手击球。

3. 体侧击球

来球位于选手的正手位或反手位的体侧的击球称为体侧击球。

4. 上手击球

击球点在选手肩部以上的击球称为上手击球。

5. 下手击球

击球点在选手肩部以下的击球称为下手击球。

6. 高点击球

击球点在选手所能触及最高点的击球称为高点击球。

（十一）球飞行的方式

1. 无旋转类飞行

无旋转类是指合外力通过球心的球的飞行方式。

平击球指的是挥拍击球路线是从后向前上方较平缓地挥击，击球拍面几乎垂直于地面，击球的正后部，用同样的力量击球，这种击球方法的球速最快，球的飞行路线最平直，球落地后的前冲力量也较大。但准确性较差，尤其在快速奔跑中用平击球的打法很难控制球的准确性，易造成球失误或出界，如图 1–3–3 所示。

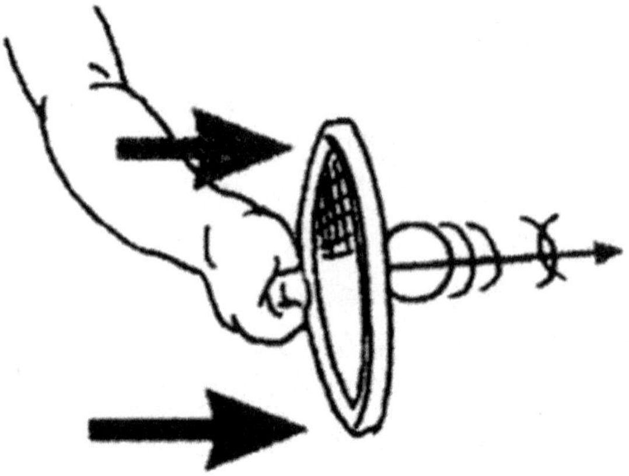

图 1–3–3

2. 有旋转类飞行

球在旋转时，带动着球体周围的空气一起旋转，从而形成了不同方向的球的旋转。

（1）绕前后轴旋转的飞行

前后轴是通过球心与球的飞行方向相平行的轴。球绕此轴按顺时针方向转为顺旋球，按逆时针转为逆旋球。

（2）绕左右轴旋转的飞行

左右轴是通过球心与网球飞行方向相垂直的轴。球绕此轴向前旋转为上旋球，向后旋转为下旋球，分别如图 1–3–4（a）与图 1–3–4（b）所示。

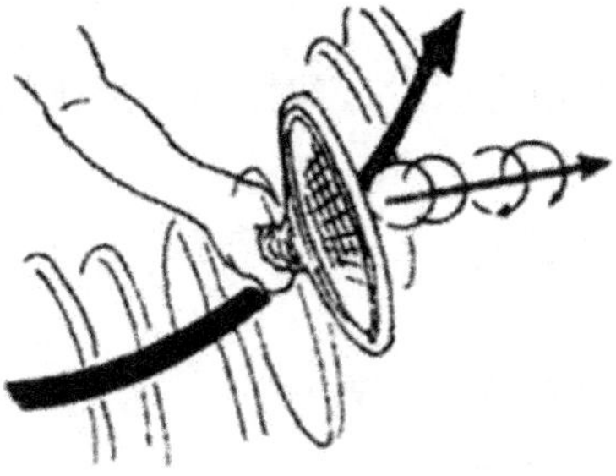

（a）

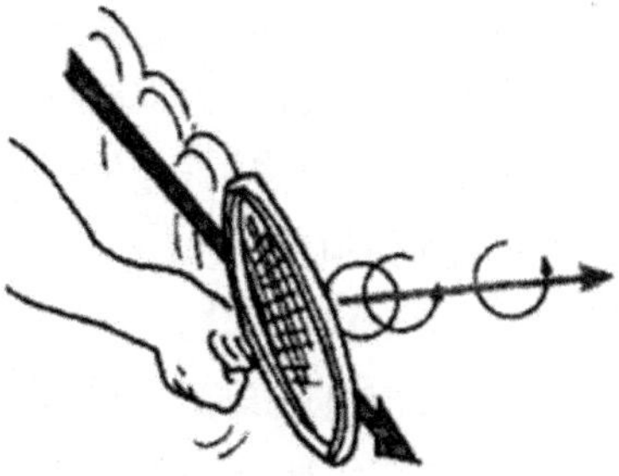

（b）

图 1–3–4

（3）绕上下轴旋转的飞行

上下轴是通过球心与场面相垂直的轴。球绕此轴旋转为侧旋球。绕此轴向左转为左侧旋球，向右转为右侧旋球，如图 1–3–5 所示。

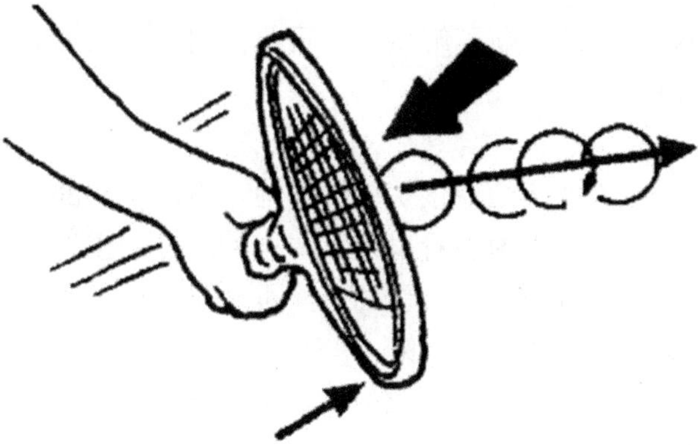

图 1–3–5

（十二）站位与击球

1. 站位概念与种类

所谓站位，就是指运动员在网球场上的位置。一般情况下，站位的种类主要可以分为以下两种。

（1）受到限制的站位。一般情况下，运动员在接球和发球的时候，应该站在固定的位置，也就是左半区或右半区，这个是规定好的。

（2）不受限制的站位。指的是没有固定的要求，可以根据自己或同伴的需要选择相应的站位。例如，单打的站位一般在离前发球线 1 米左右的中线附近，双打的站位可根据双打时两个运动员的具体战术需要而选择。

2. 击球与其称谓

这里我们所说的击球主要是指运动员挥拍击球时，球拍与球接触的一刹那，对于击球的称谓有必要进行区分。

（1）运动员站在前场、中场、后场的击球，分别叫作前场击球、中场击球、后场击球。

（2）运动员站在左半区迎击对方来球叫作左半区击球。

（3）运动员站在右半区的击球叫作右半区击球。

二、网球场地

在网球的场地这部分内容中，我们主要对场地的种类、球场设备、场区的划分以及场地的规格几部分内容来进行分析，内容如下。

（一）场地的种类

通过对场地种类的不断了解发现，目前，网球运动场上使用的场地种类共有如下几种。

1. 土场

实际上土场正确的叫法应该是软性场地。需要说明的是，即使都是土地，不同的土质造就的土地质量也是不一样的。好的土地不仅需要在建造和维护方面投入大量资金，且柔软的土质也会对球员产生更好的保护。因此，土场向来受到运动员们的青睐。

最早的土场是用沙土制作而成的，这种土场的优点是造价低，且土质舒适。随着时代的发展，人们对这种土场进行了发展和改造，基本可以分为以下三种类型。

（1）21 世纪初，欧洲人考虑到土地的排水性不是很好，于是在场地表面铺上一层碎砖末或火山灰，加快了水分的渗透，场地就能很快变干。欧洲人称这种土场为快干场地。

（2）美国人发明的绿土场原理和快干场地相同，只不过他们铺在地面上的不是碎砖末和火山灰，而是美国本土产的一种天然绿石块粉。

（3）塑胶场地是现代比较常见的一种土场种类。与前面两种土场相比，这种土场是在土地的表面铺设合成材料，造价相对来说比较高，但是维护费用极低。首先，从外表形象来考虑，塑胶场地更美观整洁，还可以自由选择颜色；其次，从后期维护来看，它不用考虑排水问题；最后，从实用性来看，它可以通过增加或减少橡胶颗粒来改变地表的粗糙度，实行起来更快速、简单。另外，这种场地的表层厚度和粗糙度可以决定起场地速度，适合上网和底线型打法。

2. 草地

一般来说，球在草地上的反弹是很不规则的，其具体原因包括以下几个方面。

（1）草地的摩擦是最小的，弹跳是最低的 (硬地的 3/4)，代表为温布尔登场地。正因为草地的这种特性，球落地以后，很容易打滑，加上弹跳度不高，所以球员击球的准备时间就会大为减少。

（2）我们不能保证每块草地上的覆盖物都是均匀的，而且球敲击地面的时候会对草皮有所损伤，所以随着时间越来越长，一些草根和地皮就会露出来，从而加大球与地面的摩擦。

（3）地基的凹凸不平也会对球的弹跳产生影响。

针对上述上述这些问题，球员在草地上打球的时候应该做到以下几点。

（1）球员要熟悉并掌握草地的性能，在遇到突发问题时，可以进行预判和随机应变，减小失误的发生。

（2）尽量多用削球和截击。通过上面对草地击球难度的分析，我们了解到，虽然球来回的速度比较快，截击不是很容易，但是上网也是必需的，否则面对落地的反弹球，处理起来就会很困难。也正是因为这样，对对手来说，削球的威胁就会更大。综合来说，应该尽量多使用削球和截击。

综上所述，虽然在草地上击球有很多局限性，并且对于球员的要求比较高，但是相对于其他类型的场地来说，草地最大的优点就是可以把发球的威力无限扩大。例如，同样是 180 千米 / 时的发球，因为草地的摩擦力很小，所以球的速度仍然很快，同时球弹起的高度很低，因此留给球员的反应时间非常少，所以接发球的困难相对来说要大很多。

3. 硬地

硬地是相对于软场地 (土场) 来说的，但它自身种类繁多，用于正式比赛的主要分为三种，具体如图 1-3-6 所示。

硬地的种类

- **地毯** ⇒ 这种类型的球场是室内赛季的主要球场，与塑胶和混凝土球场相比，我国的球迷对地毯可能很陌生，看得少，打得更少。媒体也习惯地把地毯和硬地混为一谈。如果说塑胶是偏向土地的硬地，地毯则是类似于草地的硬地，但差距还是很明显的。首先，地基平整，地毯性能均匀，球在上面的弹跳是规则的。
- **塑胶** ⇒ 典型代表是墨尔本的澳网中心球场和迈阿密球场。1988 年，墨尔本改造场地表面，将场地改作硬地，并在上面铺上一层橡胶，俗称 Rebound Ace。这种橡胶地弹性极好，球在落地后反弹很高，同时由于表面弹性系数 k 小，球与场地的作用时间长，这一点类似于软性场地，而橡胶表面里还掺有塑胶颗粒，增大了表面摩擦系数。这两个因素综合作用，使橡胶场的球速相对很慢。由于高弹和慢速，在上面的打法是底线型略占优势。
- **混凝土** ⇒ 典型代表是美国阿什球场，即美网系列赛的场地。这就是通常说的水泥场。只不过人们打的水泥场是光秃秃的，而正式比赛的场地上面有一薄层塑胶覆盖物或颜色涂料，由覆盖物的性质决定球反弹的高度和速度。这种场地在所有硬地里是最快的，由于弹性系数 k 很大，动能的垂直分量有很大损失，所以球的反弹不会太高（相对于澳网等塑胶地），又由于表面相对光滑，球落地明显看得出向前蹿（塑胶地和土地上，球明显有停顿现象）。

图 1-3-6

（二）球场设备

1. 球场固定物

对于一个达标的网球场来说，球场上的永久固定物包括球网、网柱、单打支杆、网绳、钢丝绳、中心带及网带。以下情况也算永久固定物，如球场四侧的挡板、看台，环绕球场固定或可移动的椅子，观众以及所有场地周围和上方的配套设施，还有处于各自预定位置的裁判、司网裁判、脚误裁判、司线员和球童。

2. 球网

球网是用棉线绳编结而成的，对于棉线的规格也是有一定要求的。一般来说要求粗 0.3~0.4 厘米，网球网在网柱之间，与地面和网柱紧密相连，使得网柱之间填满球网，没有空隙。球网的网孔要均匀，大小以不得让网球穿过为准，色调以暗色为主。球网上沿的白色布带，每边的宽度不得少于 5 厘米（2 英寸），也不得超过 6.3 厘米（2.5 英寸）：球网主要依靠网绳承担，网绳从白色带里穿过。网绳的直径应不超过 0.8 厘米（0.333 英寸），球网中间有可调节长短的中心拉带，它与正对地面下方的拉钩控制球网的中间高度，保持在 91.4 厘米（3 英尺）。

3. 中心带

检查球网高度的标志带是宽度为 5 厘米的白色布带，位于球网的中央，与地面连接，绑紧球网的高度为 0.914 米。

4. 网柱

网球场上的网柱大体有两种形状，一种是方形的，另一种是圆形的；另外，还有固定的和可移动的网柱。虽然网柱的类型有很多，但不管哪一种网柱，规则所要求的基本条件是绝对的。圆形网柱的直径不得超过 15 厘米（6 英寸），方形网柱的边长也不得超过 15 厘米（6 英寸）。有些圆形网柱上方有槽，球网的网绳从槽内通过。有些方形网柱上方有盖，盖下的网柱内部有摇把式紧绳装置，网绳从盖下的孔里通过。

不管是哪一种网柱，网绳最上沿通过网柱的地面高度应是 1.07 米（3 英尺 6 英寸）。同时还要求，网柱最上沿的高度不得超过网绳上沿 2.5 厘米（1 英寸）。实际上是指网柱本身的地面高度不得超过 1.095 米（3 英尺 7 英寸）。双打网的位置是其中心距离双打边线外沿 91.4 厘米（3 英尺），单打网柱的位置距离单打边线也是 91.4 厘米（3 英尺）。

5. 单打支柱

在进行单打比赛时，必须使用单打支柱，支柱的直径或边长不得超过 7.5 厘米，支柱高度为 1.07 米，单打支柱中心距单打场地边线外沿 0.914 米。一般双打球场上的单打网柱，都是简易的、可移动的带圆形底托的细长圆柱，上方有“Y”字形支撑。

6. 灯光系统

安全问题是首先应该考虑到的，其实是配电装置，应设计在网球场外，由专人负责开关。灯具的使用寿命应尽量长，更换方法应简便。室外网球场上空或底线两端不能设置灯光、灯具。灯光装置主要设计在球场两侧的挡网上方，灯柱与挡网在一起。一般灯具的高度应离地面 7.6 米（24.9 英尺）以上。一块网球场一般有 8 根灯柱，每侧各 4 根，每根灯柱之间的距离是 9.14 米（30 英尺），最靠近底线的灯柱与底线的距离是 4.58 米（15 英尺）。网球场灯光的平均照明度应在 600 勒克斯以上，而且整片球场上的灯光照度最强点与最弱点的比值要小于 2：l。

7. 球员休息椅

球员休息椅是供球员休息时使用的座椅，一般放置在裁判椅后面的两侧。

球员休息椅的放置原则是能为球员提供良好的观看视线，使得他们在休息的时候可以看到场上其他成员的表现。因此，为了不妨碍球员的观看效果，影响其比赛情绪，一般要求网球场地的地面不能有任何图案、花纹等，广告也不能出现在场地、球网上、中心拉带或单打支柱上。另外，场地上的颜色也需要精心选择，例如，观众席看台的主色调要选择不能影响球员视线颜色。

8. 主裁判椅

裁判是影响整个比赛和平时训练的重要因素，因此，裁判椅的设置应该保证裁判能够看到场地上的任何一个角落，时刻关注运动员的动向，并积极做好指挥工作。因此，一般来说，裁判椅的设置是有专业要求的，如高度一般在 1.82~2.44 米之间，应摆放在网柱正外侧，其中心距网柱的距离是 0.914 米（3 英尺）。为了避免阳光对裁判视线的影响，如果在室外工作，裁判椅旁边应该配有遮阳伞，而且一般来说，放置场地的西侧是最好的。任何时候如有太阳面对，主裁椅可置于背对太阳的地方。

9. 司线裁判椅

通常选用普通的座椅就可以，但在选择颜色的时候最好不要用白色或黄色等浅颜色，底线后的司线座椅应靠近球场的最两端，要离底线 6.4 米（21 英尺）以上，边线旁的司线座椅应离边线 3.66 米（12 英尺）以上。任何时候如有太阳面对，司线椅可置于背对太阳。当没有面对太阳时，司线椅需面对主裁判。

（三）场区的划分

在场区的划分这部分内容中，我们主要针对规则场区划分与人为场区划分这两种场区来进行分析，具体内容如下。

1. 规则场区划分

如图 1–3–7 所示为规则场区划分示意图。

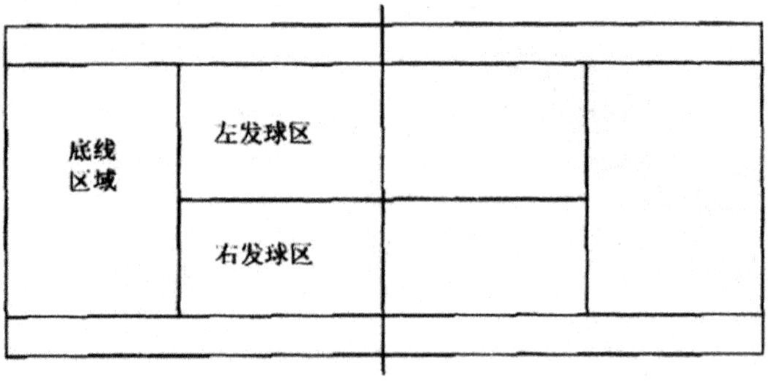

图 1–3–7

球网将球场一分为二，所谓的发球线，就是在距网 6.40 米（21 英尺）处的线。发球线与底线和球网平行，两头连接单打边线。发球中线则与边线平行，从球网正中划起，终于发球线。网球场的四个发球区边界分别为球网、一条边线、一条发球线与发球中线。两条底线的中间标有短小的中界点。

2. 人为场区划分

（1）全场。所谓全场，从其命名上我们就能够看出来指的是击球范围占整个球场，称之为全场。

（2）横向划分。从横向上来对球场进行划分，可将其划分为四个部分。

① 前半场：击球范围占前半场的区域，称之为前半场。

② 后半场：击球范围占后半场的区域，称之为后半场。

③ 2/3 场区：击球范围占球场前场或是后场的 2/3 区域，称之为 2/3 场区。

④ 3/4 场区：击球范围占球场前场或是后场的 3/4 区域，称之为 3/4 场区。

（3）纵向划分。从纵向上来对球场进行划分，可分为四个部分。

① 左半场：击球范围占左边半场，称之为左半场。

② 右半场：击球范围占右边半场，称之为右半场。

③ 2/3 场区：击球范围占球场的右边或左边 2/3 的区域，称之为 2/3 场区。

④ 3/4 场区：击球范围占球场的右边或左边 3/4 的区域，称之为 3/4 场区。

（4）九区划分

为方便练习者学习和记忆，本书将网球场地划分为 9 个区域，在每个区域标注序号，如图 1–3–8 所示。

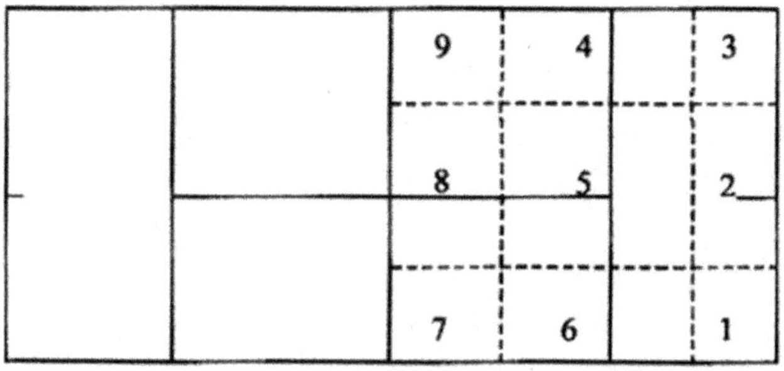

图 1–3–8

① 将场地九区横向划分后分别是：7、8、9 号区域定义为球场近网区域，即指距离球网 3 米范围内的区域；4、5、6 号区域定义为球场中区区域，即指场地内除近网区与底线区之外的区域；1、2、3 号区域定义为球场底线区域，即指距离底线 2 米范围内的区域。

② 将场地内九区纵向划分后分别是：1、6、7号区域为右边区域，即指距离右边线2米范围内的区域；2、5、8号区域为中路区域，其为场地内除左、右边区外的区域；3、4、9号区域为左边区域，即指距离左边线2米范围内的区域。

（四）场地规格

我们先来看一下网球场的形状，一般情况下来说，网球场是长方形的，大小类似于篮球场。

除了网球场基本的形状之外，国际网联颁布的《网球竞赛规则》中规定：单打场地的标准尺寸是：23.77米（长）×8.23米（宽）；双打场地的标准尺寸是：23.77米（长）×10.97米（宽）。在端线、边线后应分别留有不小于6.40米、3.66米的空余地。

除了上述我们所说的这些规格之外，我们还需要知道不同等级的比赛对于场地两侧和后面的空余地有不同的要求。在球场安装网柱，两个网柱间的距离是12.80米。网柱顶端距地平面是1.07米，球网中心上沿距地平面是0.914米。球网中央低，两端高，把球场横隔为两个区。球场内划分为前场与后场。前场由中线划分为右发球区与左发球区。中线的假想延长线与端线交于中点。“中点”是长10厘米、宽5厘米的一段线段。球场除端线宽度为10厘米（4英寸）外，其余各线宽度为5厘米（2英寸）。网球场走向应为南北走向。

室外场地的散水坡为横向，坡度不大于8%。室外网球场地四周的围挡网高度一般在4~6米之间，要根据球场周围实际环境与建筑物高度，也可适量增减。

戴维斯杯团体赛及由国际网联主办的其他锦标赛规定端线以外至少有6.40米(21英尺)的空地，边线以外等至少要有3.66米（12英尺）的空地，如图1-3-9所示为标准网球场地平面示意图。

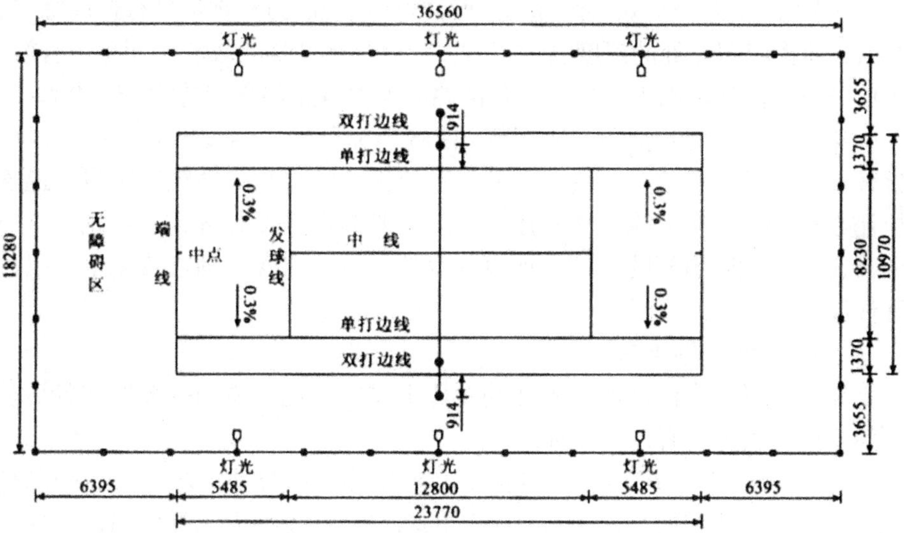

图 1-3-9

三、网球运动的准备活动

（一）准备活动的步骤与时间

网球准备活动需要分两步进行，首先进行慢跑和伸展体操等一般性的徒手运动，这些与所有运动项目的准备活动一样，之后要进行网球的专项准备活动。

一般性准备活动需要 15~20 分钟，专项准备活动也需要 15~20 分钟，总计约 30 分钟比较合适。如果时间条件不允许，可各缩短 5 分钟，最少也应该有 20 分钟才行。此外，可根据季节等具体情况和个人习惯的不同，在时间方面恰当掌握，以达到准备活动的预期目的为准

（二）网球运动的方式

通常，网球运动有两种方式可以参考，一种是一般性准备活动，另一种是专门性准备活动。

1. 一般性准备活动

（1）动态伸展体操。动态伸展体操可使各关节得到充分活动，如膝关节屈伸、脚部活动、腕关节旋转、上体前后屈等，并且要使经常使用的部位得到充分伸展。做这些专门体操时动作一定要到位，不可以敷衍了事。手脚并跪于地板上，躯干后移使臀部位于足踵上方，伸臂使胸部贴向地板，坚持数十秒。

（2）静态伸展体操。对网球运动经常使用的肌肉和韧带进行伸展练习，此时，肌肉组织等处的温度已经上升，所以伸展体操比较安全而且更有效，可使关节的活动范围大幅提高。各部位肌肉群静止伸展需持续 15~30 秒。

（3）慢跑。沿球场周围慢跑，使身体和肌肉的温度上升。伸展体操比较安全而且更有效，可使关节的活动范围大幅提高。慢跑后跑步的速度控制在脉搏 120~140 次 / 分为宜。各部位肌肉群静止伸展需持续时间约 5 分钟，达到微微出汗的程度。如果气温低，可以穿着运动衣裤跑步，以保证体温。

2. 专门性准备活动

相对来说，专门性的准备活动要比上文中我们所说的一般性准备活动更为全面，大体上有以下几种。

（1）颈侧屈、绕环。身体直立，头颈部缓慢绕环；之后，做头颈部侧屈动作，左侧屈时用左手扶住头部的右侧，适度用力辅助侧屈，拉伸颈部肌肉。

（2）脚步移动。利用场地的区域线进行脚步快速移动，作侧滑步、交叉步、向后跑、冲刺跑以及跨跳步等练习。

（3）肩绕环。先做小幅度的屈肘前后绕环。然后直臂做较大幅度的前后绕环，动作速度缓慢。

（4）中力量对拉。用 60% ~70% 的力量做各种击球，如底线击球、截击、高压、发球。这个练习的意义还在于了解球场的地面性能和习惯球反弹的特点。

（5）分腿体前屈。膝关节伸直，手扶反侧腿的脚背外侧，动作幅度可根据自身柔韧性调整，手也可触及小腿或膝盖外侧，注意动作缓慢，而不要震颤。目的是拉伸背部外侧肌肉，双手反手的球友尤其要注意做这个练习。

（6）手臂屈腕。手臂前平举，做手腕内屈使掌心朝向自己，另一只手握住其手掌部位，适度用力压腕，使手臂的背侧肌肉得到牵拉；保持手臂前平举不变，做手腕背屈，使掌心朝向前方，另一只手同样做辅助压腕的动作，牵动小臂内侧肌肉。

（7）投球动作。这个练习作为活动肩关节附近的肌肉和韧带特别有效果，对网球运动中不可缺少的发球和高压动作帮助很大，因此一定要进行投球练习。用网球或垒球先投出 5 米左右，然后逐渐加大投球距离。

（8）直臂旋腕。手臂前平举，手握球拍的颈部，使球拍在垂直地面的平面内左右摆动，牵引手臂做出内旋和外旋动作。

（三）准备活动的作用

网球的准备活动在进行网球运动前是非常重要的，其作用主要表现在三个方面，具体如下。

（1）由于准备活动引起生理变化，使肌肉、组织和神经的支配能力提高。因此，动作越来越协调，心理上也能够将注意力更集中在技术上，神经反应更加灵敏，使球员的身体和心理都进入临战的最佳状态。

（2）准备活动可使血液循环加快，向运动所需的肌肉和组织输送足够的氧和养分，使肌肉的工作效率提高。网球运动从反应到做出相应的动作，对于速度和灵敏性的要求很高，在肌肉达不到高效率工作的情况下，快速完成激烈动作是困难的。

（3）渐进性的轻微运动会使肌肉组织的温度逐渐上升，因此，肌肉和韧带的弹力和收缩力加强。由于网球运动从比赛一开始就需要大力发球和猛烈击球，特别是从底线击出有速度的球，这需要强大的爆发力，而富有弹性和强大收缩力的肌肉是产生爆发力的基础，如果不进行充分的准备活动，肌肉处于僵硬状态，是不可能产生爆发力的，而强行用力更是容易导致损伤。

第二章　网球运动科学化训练

本章以网球运动的科学化训练为主题，对网球运动的科学化训练理论、网球感和网球步法的科学化训练、网球运动员的生理和心理素质训练以及网球教练员的科学化训练进行了详细论述。

第一节　网球运动科学化训练理论

一、网球运动训练的基本原理

（一）个体化原理

每个人都是独立的个体，所以每个人的运动习惯、身体素质、爱好和运动的有效性等都是不同的。不论是从心理承受能力，还是从身体素质来看，每个人都是不一样的，所以即使是相同的训练，作用于每个人身上的效果也是不一样的。每个运动员都应该认识到这一点，并在实际训练过程中正确看待自己的身体和心理素质，遵循个体化原理，针对自己的身体特点及其能够适应的程度，选择真正适合自己的训练方式。

（二）机体适应原理

自然界中之所以存活着丰富多样的生物资源，是因为它们都能够根据外界的环境变化，不断调整自身的状态，使得自己的适应能力得以增强，并且凭借这种适应适应能力得以生存和繁衍。人类作为大自然中的一支庞大队伍，自然也有着较强的适应能力。这种适应能力的提高与人们长期坚持各种各样的体育锻炼是分不开的。我们都知道，运动对于促进人们身体素质的增强非常有益，尤其是在当今社会，越来越多的人认识到了这一点，并逐渐加入运动的队伍中。在这个过程中，人的有机体为了适应某种运动的需要，参加工作的肌肉体积加大，力量增强，心肌变厚，脉搏次数减少，肺活量加大，血压下降等。这些都能充分体现出人体本身所具有的适应能力。

网球运动作为现代社会非常受欢迎的一项体育运动，对于促进人们的机体适应能力有着很大的帮助。运动员在进行网球训练过程中，机体的变化和完成活动的种类与特点有着密切的联系。例如，长期从事网球运动训练，可以改进心血管和呼吸系统的功能，提高耐久力和培养顽强的意志；挥击球训练，能够提高肌肉的爆发力。

（三）新陈代谢原理

所谓新陈代谢，实际上是人体与外界环境之间进行的一个物质与能量交换的过程。在这个过程中，人体通过物质和能量的代谢，最终实现自我更新。通过对代谢方式的不同进行划分，新陈代谢可以分为两个过程，分别是同化作用和异化作用。

（1）同化作用是人的有机体与外界环境的互动过程，人的有机体通过摄取环境中的物质合成自身成分，完成能量的贮存。

（2）异化作用指的是人的有机体不与外界环境发生联系，而是通过分解自身成分，完成能量的释放和产物代谢。但是这一过程往往会因为机体内部环境的不稳定而出现代谢失调的状况，这样一来，疾病就很容易发生。

新陈代谢是生命的基本特征之一，是生命得以延续的一个重要条件，如果有机体没有了新陈代谢，就预示着生命已经结束。参与网球运动训练，能使组织细胞内的酶系统产生适应性变化，提高酶的活动性，加速物质代谢和能量代谢的过程，从而增强体质。

（四）能量代谢原理

能量代谢与物质代谢是相辅相成的，物质的代谢始终伴随着能量的代谢。所谓能量代谢，就是能量释放、储存、转移和利用的过程。有机体的一切生命活动均需要消耗能量，人体内的糖、脂肪和蛋白质都可以通过生物氧化释放能量，而且大部分能量是以热的形式释放于体外。

在现代网球运动训练中，磷酸原系统、糖酵解系统和有氧氧化系统是为运动员有机体提供能量供应的三个主要系统。这三个系统的结构组成不一样，而且根据运动员在运动过程中所做的动作强度、持续时间等的不同，每个系统也在发挥这不同的作用。其中，磷酸原系统适合短时间内的快速供能；乳酸能系统是机体在缺氧的状态下主要的能量来源；有氧氧化系统是机体进行长时间耐力活动的主要供能系统。

（五）肌肉运动原理

网球运动训练的肌肉运动原理可以从以下三个方面具体分析。

1. 人体肌肉的结构

人的运动系统与人体各个部分的组成结构是分不开的，包括人的肌肉、骨骼、关节等，离开了它们，人体的运动无从谈起。这里我们主要探讨人体肌肉的结构对人体运动的影响。首先，从肌肉的组成结构来看，它是由很多的肌束聚集在一起组成的，而肌束又是由肌纤维排列而成的，因此，可以说肌纤维是肌肉最基本的组成单位。其次，从肌肉的化学组成来看，它是由水和固体物质共同组成的，其中，固体物质就包括蛋白质、能量物质、酶等，同时肌肉中分布着丰富的毛细血管网和神经纤维，为肌肉的氧气和养料的供应以及神经协调提供保证。

2. 人体肌肉的成分

人体肌肉主要是由肌组织和结缔组织共同组成的，它们构成肌肉的收缩成分和弹性成分，因此，在肌肉构成中各自发挥着不同的作用。

（1）肌组织掌管着肌纤维的收缩和放松，从而控制着骨的牵拉，进而实现各种运动。

（2）结缔组织虽然是肌肉的弹性成分，但是它与肌肉中的收缩成分也是密不可分的，它们并联或串联在一起，共同影响肌肉的能量吸收和力量释放。当然，收缩成分和弹性成分的作用是相反的，当肌肉中的收缩成分缩短时，弹性成分被拉长，并将前者释放的部分能量吸收和储存起来，然后再以弹性反作用力的形式发挥出来，促使肌肉产生更强大的力量和更快的运动速度。

3. 肌肉的收缩形式

肌肉收缩的多样性特征决定了人体要通过肌肉收缩来完成各种复杂的动作，常见的肌肉收缩形式主要包括图 2-1-1 中的三种。

肌肉收缩形式

- **等长收缩** ⇨ 等长收缩是指当肌肉收缩产生的张力与外力相等或是维持身体某一姿势时，肌纤维积极收缩，但肌肉的总长度没有变化。当肌肉处于等长收缩时，从整块肌肉的外观来看，肌肉长度并没有发生变化，但实际上肌肉的收缩成分是处在收缩中而使弹性成分拉成的，从而使整块肌肉长度保持不变。
- **超等长收缩** ⇨ 超等长收缩。超等长收缩是指肌肉先进性离心收缩后，紧接着进行向心收缩的形式。例如，网球训练中，跳起落地，紧接着再向上跳练习，此时股四头肌先在落地时离心收缩，紧接着又立刻猛烈向上跳起，这种练习方法对肌肉锻炼价值较大。
- **向心收缩** ⇨ 向心收缩是肌肉长度缩短的一种收缩形式，它是力量练习中最为普遍的一种。例如，网球运动中进行力量素质训练时，利用哑铃、沙袋、拉力器等器材锻炼肌肉均属于向心收缩。目前，已有多种运动练习器，锻炼力量的效果比一般向心练习方法要好。

图 2–1–1

（六）超量恢复原理

在运动中，一开始人会消耗一定的能源物质，但是在运动后一段时间，消耗的能源物质不仅恢复到原来水平，甚至会超过原来水平的现象，保持一段时间后又回到原来水平。这一现象在运动生理学中就叫作超量恢复原理，其能源物质的变化过程如图 2–1–2 所示。

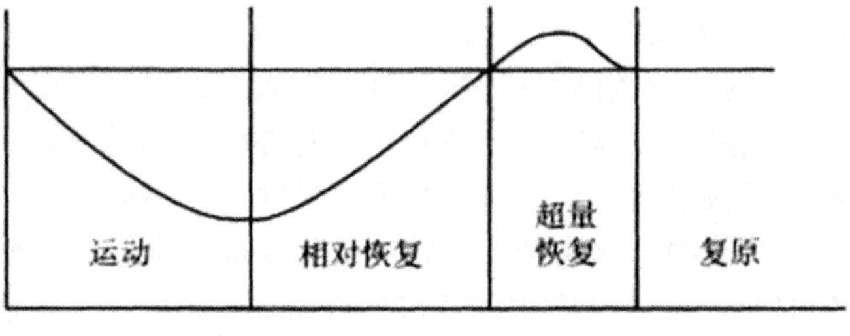

图 2–1–2

通过对上述内容进行总结，以及对图 2–1–2 的观察，我们可以将现代网球运动训练过程分为三个阶段，分别是运动时各器官系统工作能力的下降阶段、运动后工作能力的复原阶段和工作能力的超量恢复阶段。人体进行网球运动训练就是这样沿着“消耗恢复，超量恢复”链不断地循环往复，逐步适应，从而达到增强体质的效果。

为了使运动员获得最佳的训练效果，在进行网球训练的过程中，应做到以下两点。

（1）网球训练很重要的一个目的，就是起到健身效果。而为了达到这一目标，运动员有机体必须承受一定的生理负荷，使之产生一定的身体疲劳，进而实现大量的消耗。

（2）为了产生超量恢复，运动员的身体不能过分疲劳。因此，在网球训练结束后，运动员必须有合理的恢复与休息。

二、网球运动训练的理论基础

（一）生理学基础

1. 生理学因素对网球运动的影响

（1）物质代谢。对于物质代谢，我们主要从三个方面展开论述。

① 脂肪代谢。脂肪分解代谢产生的能量是长时间中低强度运动的主要供能物质。人体的肌肉组织中储存着少量的脂肪，在运动时产生一定的能量。当脂肪的动用(氧化)增加时，血浆中的游离脂肪酸即透过肌细胞膜进入肌细胞被氧化，而脂肪组织则水解成甘油和脂肪酸进入血浆中，以补充被消耗的游离脂肪酸。因此脂肪首先是在酶的作用下水解成脂肪酸和甘油来释放能量的。

脂肪酸的氧化：脂肪酸的氧化过程，包括脂肪酸的活化和 β 氧化，使长链脂肪酸逐步降解成许多乙酰辅酶 A，然后进入三羧酸循环彻底氧化成 $C0_2$ 和 H_2O，并释放能量。

甘油的氧化：脂肪水解形成甘油，这种物质能够混溶于血浆中，通过血液的循环输送到其他人体组织而被利用。甘油的氧化过程如下：首先，甘油在酶的催化下被激活、生成磷酸甘油；其次，甘油通过进一步脱氢生成磷酸丙糖，进入糖的分解途径，先转变成丙酮酸，再经三羧酸循环彻底氧化成 CO_2 和 H_2O，同时生成 22 毫摩尔 ATP，磷酸丙糖也可通过糖异生作用转变成糖原或葡萄糖。

在运动过程中，脂肪代谢较慢，在进行长时间运动的后期主要依靠脂肪酸氧化供能，短时间剧烈运动时脂肪分解受到抑制。球类的运动对于脂肪代谢的影响主要表现在其能够提高人体利用脂肪酸氧化供能的能力，还能对改善血脂，减少人体脂肪积累产生积极的作用。

② 糖类代谢。食物中的葡萄糖经消化吸收后，汇集于门静脉，经肝进入血液循环，其中大部分运到各组织合成为糖原和含糖化合物。其中最主要的是到肝中合成肝糖原储存。一部分转变为脂肪和氨基酸，血液中保留的一部分糖称为“血糖”，另一部分直接供组织氧化利用放出能量，同时产生 CO_2 和 H_2O，并将其排出体外。

糖的氧化分解是供应人体活动所需能量的主要来源，全身各组织都能进行这一反应。糖的氧化分解包括无氧分解和有氧氧化两种主要方式，从本质上讲，这两种形式是同一过程在两种情况下(缺氧与氧供应充足的不同反应方式，其反应过程在前一阶段是完全相同的，差别是在丙酮酸产生以后。糖的无氧氧化产生乳酸；供氧充足时，丙酮酸继续氧化生成 CO_2 和 H_2O，并释放出蕴藏在分子中的能量。

网球运动对糖类代谢的影响主要表现在以下两个方面。

第一，糖原储备与运动能力。运动员在参加网球运动训练的过程中会消耗掉大量的能量，有时会导致运动性疲劳或过度训练的产生，因此在进行网球运动训练时要十分注意糖分的补充。在大于 1 小时的运动中适量补充糖，可提高血糖水平、增加运动中糖的氧化供能、节约肌糖原的损耗、减少脂肪酸和蛋白质的供能比例，使运动的耐受时间延长，使运动疲劳得以延缓，运动能力获得提高。

第二，血糖浓度与运动能力。运动员在进行短时间的剧烈运动时，体内血糖浓度会逐步增高；而进行长时间的适宜负荷运动时，其体内的血糖浓度则减少。因此，运动员在运动前或运动中，适量补充糖可维持血糖正常水平，延缓疲劳的发生，有利于提高网球运动训练的水平和质量。

③ 蛋白质代谢。蛋白质是人体生命活动的重要组成部分，也是人体重要的能源物质之一，与机体运动之间存在非常紧密的联系，它在调节机体各种生理功能中起着不可替代的作用。

蛋白质与脂肪和糖类不同，它不能直接给人们提供运动所需的能量。所以，为人体提供能量是蛋白质的次要功能，只有在某些特殊情况下，如长期饥饿、疾病或体力极度消耗时，人体才会依靠蛋白质氢化供能。但蛋白质分解代谢过程中能产生许多物质，对糖和脂肪的供能有着重要的作用。同时，蛋白质的分解代谢和合成代谢平衡是维持人体生命活动的基础。

蛋白质主要由氨基酸组成，主要参与实现人体代谢更新，其代谢过程是以氨基酸代谢为基础的。蛋白质的代谢需要很多激素参与调解，如肾上腺素和甲状腺素能促进蛋白质的分解，表现为甲亢时，甲状腺素分泌增加，人体蛋白质分解增加，人体逐渐消瘦；当生长激素分泌增加时，人体蛋白质合成增加，肌肉健壮。

网球运动训练对蛋白质代谢的影响主要体现在两个方面：一方面表现为机体运动对蛋白质可提供一部分能量，促进蛋白质代谢；另一方面则表现为网球运动训练导致骨骼肌蛋白质合成增加，从而使人体相应部位的肌肉壮大。

（2）能量代谢。人体通过消化系统摄取必要的能量物质，这些物质在人体中通过生物氧化反应，分解成一些代谢物，同时释放出能量，这些能量大部分以热能的形式释放于体外，还有一部分则转化为化学能，储存在一种叫做三磷酸腺苷 (简称 ATP) 的高能磷酸键中，人体活动的直接能量就来源于三磷酸腺苷 (ATP) 的分解，肌肉收缩需要 ATP 供能，消化管道的消化和吸收都需要 ATP 供能。ATP 的重新合成需要糖、脂肪和蛋白质的氧化分解供能。ATP 的再合成有多种途径，就其供能系统而言，主要有以下三种。

① 有氧氧化系统。该系统是指在氧供应充分的条件下，糖和脂肪完全分解生成二氧化碳和水，同时生成大量的能量，使 ADP 再合成 ATP。有氧氧化系统能生成丰富的 ATP，生成乳酸之类导致疲劳的副产品，它是人进行长时间耐力活动的主要供能系统。

② 磷酸原系统。磷酸原系统又称为三磷酸腺苷—磷酸肌酸，简称 ATP-CP。它由细胞内的 ATP 和 CP 这两种高能磷化物构成，供能绝对值不大、持续时间很短，但是供能快速。因为 ATP 是体内唯一的直接能源，所以其能量输出功率最高。

③ 乳酸能系统又称为无氧糖酵解系统。乳酸能系统对人体进行能量供应，它的作用与磷酸原系统一样，能在暂时缺氧的情况下迅速供能。因此，该系统是在机体处于缺氧的情况下的主要能量来源，它的能量产生是靠肌糖原的无氧酵解。最后产生乳酸，而放出的能量由 ADP(二磷酸腺苷) 接受，再合成 ATP。

因为锻炼者的年龄、身体条件以及个人需要等的不同，所以每个人适合的锻炼项目也不一样。因此，在参与不同的体育锻炼项目时，在参与不同的体育锻炼项目时，锻炼者应选择合适的能量系统作为主导作用的锻炼项目，同时还要注意所选择的锻炼手段和项目的科学化。锻炼者除了选择有氧氧化系统的项目外，还可以适当选择乳酸能系统供能的项目，发展身体的无氧耐力。

在人体运动过程中，因为运动的形式不同，其不同的能量代谢系统提供能量的能力和速率也会不同。磷酸原系统和乳酸能系统都供应能量，但ATP和磷酸肌酸的最终合成以及糖酵解产物乳酸的消除却要通过有氧氧化来实现。所以，肌肉活动所需能量的最终来源是糖和脂肪的有氧氧化。人体中磷酸原系统供能的绝对值不大，在运动中维持的时间也很短，但是能在短时间内快速作用。

总的来说，人体在运动过程中，各供能系统之间的关系与运动负荷的强度和持续时间密切相关。在0~180秒最大运动时，各供能代谢系统的基本活动主要表现为如下特点：在1~3秒的全力运动中，基本上是由ATP提供能量的；在完成10秒以内的全力运动时，磷酸原系统起主要供能作用；30~90秒最大运动时以糖酵解供能为主；约为2~3分钟的运动，糖有氧氧化提供能量的比例增大；而超过3分钟以上的运动，则基本上是有氧氧化供能。

运动实践表明，随着人体运动时间的延长，供能物质由以糖有氧氧化为主逐渐过渡到以脂肪氧化为主。总之，人体在运动中，并不是由一个供能系统完成供能的，在有一个主要的供能系统基础上，其他的供能系统也会参与其中，共同完成人体运动所需要的能量供应。每个供能系统都有其独特的特点和供能能力，供能系统不同，所需要的能源物质也不同，运动中的输出功率和供能时间也会有明显的差异。在表2-1-1中，我们对人体的能源物质分解代谢提供能量的速率进行了比较分析。

表2-1-1　人体的能源物质分解代谢提供能量的速率

功能代谢系统	最大供能速率/（卡/分）	最大供能速率/毫摩尔ATP（千克湿肌/秒）
ATP-CP	36	2.6
糖原酵解	16	1.4
糖有氧氧化	10	0.15~0.68
脂肪酸氧化	——	0.24

除了上述这些，运动的强度和持续时间也是影响能量代谢的重要因素，主要表现为图2-1-3中的三个方面。

影响能量代谢的强度和持续时间因素	
	极限强度运动。最大强度的运动必须启动能量输出功率最快的磷酸原系统。由于该系统供能可持续 75 秒左右，因此首先动用磷酸肌酸 (CP) 使 ATP 再合成。当达到 CP 供能极限时，则将不得不依赖乳酸能系统的能量输出。
	递增负荷的力竭性运动。运动开始阶段，由于运动强度小，能耗速率低，有氧氧化系统能量输出能满足其需要，故有氧氧化系统（主要是糖的氧化分解）启动。随着运动负荷的逐渐增大，当有氧供能达到最大输出功率时，仍不能满足因负荷增大而对 ATP 的消耗时，必然导致 ATP 与 ADP 比值明显下降，此时必然动用输出功率更大的无氧供能系统。因磷酸原系统维持时间很短，所以此时主要是乳酸能系统供能。
	中低强度的长时间有氧耐力运动。在从事中低强度的长时间运动时，运动的前期以糖类的有氧氧化供能为主，随着糖的消耗，则逐渐过渡到以脂肪氧化供能为主，脂肪氧化耗氧量较大，同时动员反应较慢。

图 2–1–3

（3）运动与心率。在网球运动训练中，运动强度和运动训练对人体的影响常用心率来反映，并用于运动员的自我监督或医务监督中。心率是运动生理学中最常用而又简单易测的一项生理指标，影响它的因素有性别、年龄、体能水平、训练水平及生理状况等，所以每个人的心率都是不同的，但是一般成年人静息时心率在 60~100 次 / 分钟，平均为 75 次 / 分钟。

对于未成年人来说，心率一般会随年龄增长而减慢，至青春期时接近成年人的频率。在成年人中，女性心率比男性心率快 3~5 次 / 分钟。有良好训练经历或体能较好者心率较慢，尤其是优秀运动员静息时心率常在 50 次 / 分钟以下。在进行运动时，人体的心率会加快，随着运动强度的增加，心率随之增快，因此，心率也是判断运动负荷的一项简易的指标，能够在一定的程度上反映运动员的体能水平以及运动和训练的水平。

（4）运动与呼吸。在运动的过程中，机体与外界环境之间的气体交换称为“呼吸”。人体的呼吸过程由外呼吸、内呼吸和气体运输三个环节构成。要完成这一系列环节，呼吸系统起着非常重要的作用。呼吸系统包括呼吸道和肺，而呼吸道又是由很多器官组成的，所以它是多个呼吸器官的总称，这些器官包括鼻、咽喉、气管、支气管。

呼吸系统是氧运输系统的重要组成部分，其主要机能是实现机体与外界环境的气体交换，以使血液中的氧分压、二氧化碳分压、酸碱度维持在正常生命活动所允许的范围之内。人体通过肺实现与外界气体的交换，通过血液实现气体的输送和排出。人体在运动时，机体代谢旺盛，所需氧量及二氧化碳排出量明显增加，呼吸系统加强，所以网球运动训练，特别是耐力训练必将使呼吸系统的形态、机能产生适应性变化。

呼吸肌主要是膈肌和肋间外肌。当膈肌收缩时腹部随之起伏，肋间外肌收缩时胸壁随之起伏。因此，以膈肌运动为主的呼吸形式称腹式呼吸，以肋间外肌运动为主的呼吸运动称“胸式呼吸”。成人的呼吸一般都是混合式的。呼吸形式与年龄、生理状态、运动专项等因素有关。在进行网球运动训练时，要根据动作的特点灵活转变呼吸方式。

2. 网球运动对生理健康的影响

网球运动对生理健康的影响主要表现在对呼吸系统、心血管系统、神经系统以及运动系统的影响几个方面。下面我们通过几个结构图，更加清楚、直观地展示网球运动对这些生理系统能产生怎样的影响，分别如图 2–1–4 至图 2–1–7 所示。

网球运动对呼吸系统的影响

- 能够提高呼吸系统的机能水平。呼吸系统机能水平的提高和改善，对保持健康和预防疾病都非常重要。经实验研究显示，经常进行网球运动训练，会使机体的呼吸频率相对减少，呼吸深度加大，由于呼吸肌的力量增强，肺泡弹性增大，肺活量和肺通气量的指标明显增大。例如，安静状态下一般人的呼吸频率为 12 ~ 16 次 / 分钟，肺通气量为 6 ~ 8 升，而经常参加网球运动训练的人呼吸频率仅为 8 ~ 12 次 / 分钟，就可达到同样的肺通气量。

- 能够促进呼吸器官结构的改变。一些运动项目的运动强度比较大，肌肉活动比较剧烈，需要消耗氧气量、产生二氧化碳量都会很大，于是呼吸系统必须加大工作量才能满足机体活动的需求。因而人体呼吸频率加快，呼吸次数增加，深度加深，胸廓活动度加大。尤其是大负荷的运动练习时，呼吸次数可增加到 40 ~ 50 次分钟，每次吸入空气量达到 2500 毫升，是安静时的 5 倍。同时，由于运动时对氧的需求量增加，呼吸的深度加大，经常锻炼就会提高呼吸效率。肺泡也会最大限度地参与气体的交换，这会促进肺泡的生长发育及弹性的改善。经常参加网球运动训练的人，其胸围一般要比同年龄人大 3 ~ 5 厘米，呼吸差也增加到 9 ~ 16 厘米。

图 2–1–4

网球运动对呼吸系统的影响

能够改善心肺功能，提高免疫功能。一般人的心容量为765 ~ 785毫升，而参加网球运动训练的人，其心容量可达到1015 ~ 1027毫升，每分输出量和每搏输出量也都增加。这是因为经常参加网球运动训练能使心肌肌红蛋白的含量增加，组织代谢能力加强，供血量增加，使心肌纤维变粗，心脏的重量和大小增加。心脏搏动有力，外形丰满。由于心壁增厚，心腔增大，心脏的收缩能力提高，心容量增大。

能够提高血液循环，防止心血管疾病。一般情况下，正常人的血液总量只占体重的8%，而经常参加网球运动训练的人血液总量约占体重的10%，且血液的重新分配机能快，这就保证了人体在承受较大的生理负荷时，经过神经系统的调节，反射性引起肝和脾释放储存的血液。同时，血管的收缩和舒张，动员了大量血液参加循环，保证了肌肉活动时的血液供给。

图 2-1-5

网球运动对呼吸系统的影响

能够提高神经系统的反应能力和灵活性。一些运动项目的负荷量较大，在网球运动训练中要求神经系统能够迅速动员和调节各器官与系统的机能，使之适应肌肉活动的需要。经常参加网球运动训练能改善全身各系统的迅速调节能力，使人体在活动中动作更加协调、灵敏和准确。

能够提高大脑皮层神经细胞的耐受性。经常参加网球运动训练，可以促进血液循环加快，使单位时间大脑血流量增多，脑细胞得到更多的营养，提高大脑的功能，加快神经的疲劳的消除，提高大脑抗疲劳的耐受力，使肌肉收缩节约化，进而提高了大脑长时间工作的能力。

能够延缓大脑组织的衰老。大脑是人体中的信息器官，而信息器官需要不断的信息刺激，如果大脑长期处于“信息饥饿”状态，则必然会出现大脑早衰。为了防止大脑早衰，最有效的方法就是给大脑以良性刺激，而合理的网球运动训练就是最好的运动性良性刺激。四肢的骨骼肌肉在进行网球运动训练时，可以将外周的效应器上的信息，作为输入信号反馈给中枢，反过来刺激中枢神经系统，从而维持中枢神经系统处于一定程度的激活状态，维持甚至增强其应激能力，这样就增强了大脑的活力，能有效地推迟脑细胞的衰老。

能够提高人体对环境的适应能力和免疫能力。经常参加网球运动训练的人血管收缩的反应性、基础代谢率等都会得到较大的改善，体温调节能力加强，对气候的变化反应灵敏，在受到环境温度变化时能够迅速保护和防御，以免机体受到伤害。

图 2-1-6

网球运动对呼吸系统的影响

强化骨结构，提高骨性能。进行网球运动训练时，由于人体新陈代谢增强、血液循环加快，骨结构和性能也随之发生了变化，增强了骨质。网球运动训练引起肌肉对骨骼牵拉和重压，使骨骼不仅在形态方面产生了变化，而且让骨骼的机械性能也得到了提高。骨骼在形态方面最明显的变化是：肌肉附着处的骨突增大，骨外层的密质增厚。而里层的骨松质在排列上则能适应肌肉拉力和压力的作用。这就使骨质更加坚固，可以承担更大的负荷，提高了骨骼抵抗折断、压缩、弯曲、拉长和扭转的能力。同时还能刺激骺软骨的增生，对人体的增高有很大的意义。

提高关节的柔韧性和灵活性。长期坚持参与网球运动训练，可以增加关节面软骨和骨密度的厚度，并可让关节周围的肌肉发达、力量增强、关节囊和韧带增厚，因而可让关节的稳固性和抗负荷能力加强。在增强关节稳固性的同时，由于关节囊、韧带和关节周围肌肉的弹性和伸展性提高，关节的运动幅度和灵活性也大大增加，提高了关节的灵活性，有效减少伤害事故的发生。

促进结构机能的有利变化。在参加网球运动训练时，人体骨肉工作加强，血液供应增加，蛋白质等营养物质的吸收与储存能力增强，肌纤维增粗，因而肌肉逐渐变得更加粗壮、结实，肌肉力量增强。由于肌肉中肌红蛋白的增加使其结合氧气的能力增强；储存的营养物质——肌糖原增加；肌肉内毛细血管的数量也增多了，更能使用运动或劳动的需要。这就使得结缔组织也逐渐增多，肌肉的生理横断面积和体积增加，肌肉纤维增粗。肌肉含量增加，脂肪含量就会相对下降，使人体基础代谢率提高，有利于人体健康。同时还可以加强肌肉收缩时的力量，加快了肌肉的收缩速度，灵活性、耐久性提高，弹性、柔韧性增强。

图 2-1-7

（二）心理学基础

1. 动机

动机是从人体本身出发，思考的关于参与某项活动的始发原因。因此，它应该被归于内部原因的行列。人从有动机的那一刻起，他的内心就充满了动力，这使得他们能够更长久地坚持某项活动，并向着明确的目标不断前进，从而使得个体的需要、愿望或理想等得到满足。总结来看，动机对人类活动的影响具体表现为三个方面。

（1）动机具有始发作用，也就是说，它可以引起和发动个体的活动。

（2）动机具有指向和选择作用，指的是它可以为活动指明目标或者选择方向，并向着这一目标和方向不断前进。

（3）动机具有强化作用，这一强化作用不仅是指增加的作用，也有维持、制止或减弱某一活动的力量。

在心理学领域，对动机的研究一般着眼于两个方面，分别是“方向”和“强度”。所谓方向，就是目标的选择，而强度，就是朝着既定的目标，做多大程度的努力。

2. 网球运动训练对心理健康的影响

网球运动训练对心理健康的影响主要表现在四个方面，具体如结构图 2-1-8 所示。

网球运动对呼吸系统的影响

网球运动训练能促进应激反应的降低。应激是由外界情况的变化所引起的一种情绪状态。现代人由于紧张的生活节奏、竞争的加剧、压力的加大、人际关系的日益复杂，而普遍处于一种应激状态。过度的应激常引起身体不适，严重的还会导致人的免疫功能下降，诱发各种疾病。坚持进行网球运动训练可以提高运动者的心理应激水平，使人在遇到外界的强烈刺激时，能迅速做出反应，采取果断措施，以健康的心态从容应对。

网球运动训练能改善情绪状态的控制。网球运动训练对心理健康影响的主要标志之一就是情绪状态，也是人的自然需要是否得到满足而产生的一种体验。人们参与任何活动都会对其情绪起着很大的调节作用，而网球运动训练是人体情绪的调节剂，对人的情绪产生良好的影响。在现代这个快节奏的社会中，人们的生活也充满了竞争的压力，心理上会产生一定程度的紧张、焦虑和不安的反应。

网球运动训练能促进认识能力的提高。在网球运动中，网球迅速移动，所以需要运动员在运动或高速运动中既要能对外界物体（如球、器械、环境等）做出迅速、准确的感知与判断，又能迅速感知、协调自己的身体，以保证动作的完成。在这样的运动形式下，长期坚持可以促进人感觉、知觉能力的发展，提高人的反应速度和直觉判断能力有着积极的作用，可以让人变得敏锐、灵活。

网球运动训练能提高意志品质的培养。经常参加网球运动训练能够帮助人们克服一定的困难和障碍，是培养人的意志品质的重要途径。意志品质通常是指一个人的目的性、自觉性、自信性、坚韧性、自制力以及勇敢顽强和主动独立等精神，意志品质既是在克服困难的过程中表现出来的，又是在克服困难的过程中培养起来的。在网球运动训练中，锻炼者越能克服困难，也就越能培养良好的意志品质。

图 2-1-8

三、网球运动训练的原则与方法

（一）网球运动训练的原则

1. 系统性训练

网球运动训练需要系统化，因为任何活动要取得一定的成绩，都不是一蹴而就的，都要经历一个长期的过程，从开始，到出成绩，再到维持甚至不断提高运动员的技术水平，这一系列过程都体现了运动训练的系统性。在保持运动训练的系统性的要求中，运动条件反射的建立是非常重要的，因为学习和掌握运动技能的本质，就是建立运动条件反射，同时这也是区别优秀运动员与普通运动员的一个重要标准。往往经过多年系统性训练的运动员的成绩都比较优秀，而间断性训练的运动员的条件反射消退得比较快。由此可见，贯彻系统性原则对于培养优秀的网球运动员有着极其重要的作用，因此，为了达到目的，应该遵守以下两个原则。

（1）合理安排训练强度。任何训练都不可能在短时间内见到成效，而只有合理安排训练内容和强度，才能取得更好的效果，保证训练的系统性。因此，在训练的时候，运动员要结合自身的实际情况，合理安排训练和休息，让自己的身体有一个恢复的过程，防止因过度疲劳或伤病给训练造成的中断。

（2）重视每一次训练。网球运动的系统性与间断性训练的区别就是通过系统性的训练，运动员的技术能够得到更加有效的提高。因此，每一次训练都应该被重视，并且通过合理安排训练的内容、方法、强度、重点等，使每一次训练都有所收获，有所提高。

2. 全面训练与特长训练相结合

在网球运动训练中，教练员要把控所有运动员的一个总体情况，因此需要制定一个全面训练的战术，有计划、有步骤地进行训练，使得所有的运动员都能够掌握比较全面的技术。但是从另一个角度来说，每个运动员的打法都带有其自己的特点，他们的习惯、击球方法等都不是完全一样的，所以教练员在训练的过程中，应该仔细观察每个人的特点，发现其长处，并加大力度去发展这一特长，这样如果能灵活运用于比赛中，将会有更多机会争取主动和胜利。

（1）全面技术训练的要求主要包括以下几点。

第一，适应和利用不同性能的场地。

第二，适应和对付各种不同类型打法。

第三，技术上无明显的缺陷和致命的弱点。

（2）特长技术训练的方法主要包括以下几点。

① 每个运动员的身体素质都是不一样的，因此，他们能接受的特长技术训练程度也有差异。因此，在进行特长技术训练的时候，首先要了解运动员的身体素质特点，有针对性地去培养其相应的特长技术。

② 在总体打法专业化的基础上，每个运动员的打法会有各自的特点，因此，教练员可以根据每个人的不同特点，从发球、底线技术、上网技术等方面去确定和培养个人的特长技术。

③ 不同的打法造就不同的风格，例如，有的运动员以“凶狠”为标志，有的运动员擅长“快变”等。不同风格的打法，导致其训练的着重点有所不同，所以教练员在对元动员进行特长技术训练的时候，要注意到这一点，有重点地对不同的人进行不同方式的培养。

④ 特长技术训练要渗透到各项技术的击球技术质量中去。特长技术的确立与培养均应依据运动员的自身情况而定。

3. 循序渐进与突出重点相结合

在网球运动训练中，贯彻和运用循序渐进与突出重点相结合的原则应注意以下几方面。

（1）训练中如果没有重点，也就无法得到提高，因此，在网球运动训练中，首先要求重点内容一定要具体和明确。

（2）对待每一项训练内容都应该本着认真的态度，做到实效。

（3）学习和掌握新技术是一个循序渐进的过程，因此，不能急于一时，在一开始就要明确，首先应该注重动作的完成质量，其次才是加快速度。但是在要求质量的时候，也应该是逐步提高要求，不能在一开始就提出太高的要求。

（4）循序渐进的原则不仅应该体现在训练要求上，在内容、方法、步骤、练习难度上也应该遵循这一原则。

（5）循序渐进指的是在训练的过程中，逐渐加深难度，因此，在一系列的要求中，肯定会有侧重点，其对整个训练起到至关重要的作用。因此，在进行网球运动训练时，一定要突出侧重点，并且加强训练。

4. 训练与比赛相结合

网球运动训练往往是为了一定的比赛进行的，所以训练和比赛是两个紧密联系的主体。简单来说，训练是为比赛做准备，比赛也是一种特殊的训练手段。在网球训练中，以训练为目的，为训练服务的比赛基本可以分为四种，分别如图 2-1-9 所示。

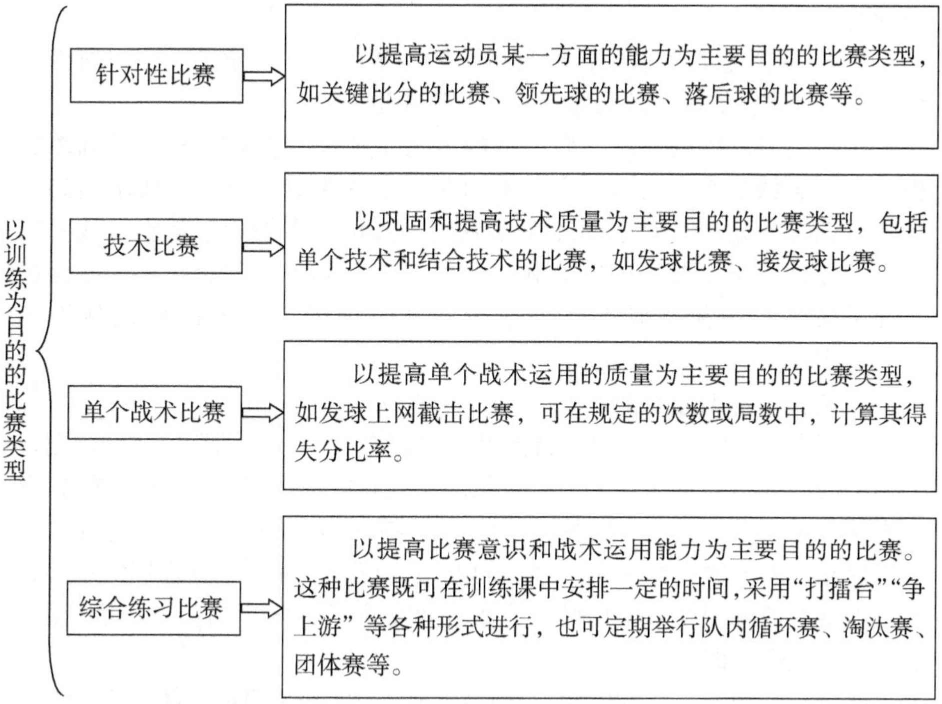

图 2-1-9

（二）网球运动训练的方法

网球运动训练的方法多种多样，这里我们主要对以下几种训练方法进行简要介绍。

1. 重复训练与系统训练

很好理解，重复训练法就是一直不变地重复某个动作，但也有一定的前提，即不能改变动作结构和运动负荷，且遵循既定的要求。由此可见，重复训练法的一个典型特点便是针对某一项技术或战术，进行集中、重复性的训练。这样做的目的是让运动员在重复的过程中形成条件反射，加强掌握的牢固度。但是，重复的动作并不是要连续做的，为了让机体迅速、充分地得到回复，每组练习之间应该有一定的间歇。如网球的正反手击球训练、发球技术训练以及截击球、高压球技术的训练等。

当然，重复训练如果想取得良好的效果，并不是一味地进行重复就行了，还应该注意以下几点。

（1）强调每一次训练都要严格遵守动作规格和要领，不仅不能有所松懈，而且要在细节部分越做越好，以求每一次练习都比前一次做得更好。

（2）运动员要根据自身的情况，选择适合自己的、行之有效的方法进行训练。

（3）重复是为了巩固，但是过多的重复就会让人感觉枯燥，所以教练员在安排重复的次数的时候，要注意避免这一点。

前面关于训练的系统性我们已经进行了相应的探讨，对系统训练法也有了一定的了解，它实际上是针对某个战术系统而言的，要求达到一个整体训练的效果。对于网球运动来说，其构成中的四个基本技战术系统——发球、接发球、底线球和网前球，各有侧重，尤其是对于全面型运动员来说，各种技战术都得掌握，系统训练法就能高效地帮助运动员达到这一目的。

2. 变换训练与串联训练

所谓变换训练法，其根本特点就是可以围绕同一个训练内容和问题，采用不同的训练方法加以解决。因此，问题和方法是其核心，而具体在哪一次课程中，并不是此方法关注的重点，它既可以是在同一次训练课中，也可以是在若干次训练课中。这样的方法不仅可以活跃运动员们的思维，而且能够有效减少学习的枯燥感，通过激发他们的学习兴趣，从而带动其更加积极地进行训练。

在进行技战术训练的时候，要根据不同的比赛选择相应的练习形式，使其与比赛要求相适应。另外，教练在进行训练教学的时候，应该将比赛要达到的目的时刻放在心里，进而随时观察运动员的训练兴趣，并通过不断分析和引导，让其明白他们的训练所要达到的标准，让他们的每个技术动作都能够适应比赛的需要，这同时也能充分调动他们的战术意识。

串联训练法与普通单项训练法的不同之处就在于它是将多种技术进行有机结合，对运动员进行训练的方式。在网球运动比赛中，平时训练中用到的方法都可能用到，至于用什么样的方法，要根据当时的具体情况而定。因此，对各种技术熟练掌握是必须的，同时还要注意多种技术的有效衔接，在平时训练中多使用串联训练法就可以很好地锻炼运动员的这一能力。而且这种训练法并不仅仅是针对比赛而言的，在很多情况下，串联衔接的过程本就是一种技术之间的配合。

3. 对抗训练与竞赛训练

所谓对抗训练法，指的就是有对立面的训练形式，也就是说，两个运动员互相对抗，这其实也是一种小型比赛的形式，但是这种竞赛的目的并不是输赢。这种训练法要求对抗双方实力均衡，最终目的是让双方的技能水平都得到提高。这种训练方法比较适合本身技能已经处于较高水平的运动员。

竞赛训练与对抗训练本质上的不同是它会要求对抗双方必须分出胜负。这样的训练形式更富有比赛的真实性，因此能够激发运动员的积极性，从而提高其训练兴趣。在对抗过程中，为了获得胜利，运动员们往往会付出更多的努力，这时他们的战术水平和心理状态就会更加接近实战要求。经常进行这种形式的训练，可以帮助运动员们在正式比赛中保持良好的心态，发挥出正常甚至更高的水平。

4. 极限训练与恢复训练

所谓极限训练法，就是比正常训练强度更高、难度更大、练习时间更长、密度更高、要求标准更高的训练方式，它一般要求运动员必须竭尽全力才能完成，但是这种训练方式对提高运动员的专项耐力素质，培养克服困难的顽强意志和拼搏精神具有重要作用。但是极限训练并不是没有极限，在进行极限训练的时候，负荷量也要合理，才能达到良好的训练效果。所以，在不影响身体健康的条件下，比正常训练增加强度，在培养专项耐力的同时，形成正确的技术定型和技术运用能力。

恢复训练法是针对一定的训练、比赛或者伤病之后而言的，它是为了帮助运动员及时调整和恢复状态。长时间的紧张训练和激烈的比赛都会让运动员的身心产生疲劳感，为了让他们以更好的状态面对接下来的比赛，需要进行一段调整恢复的训练，它能够有效调整运动员的运动量，不至于突然停下来，造成过大的落差，同时还能缓解高强度的训练和比赛造成的压力。

为了让运动员的身心得到充分的放松，恢复性训练是一定少不了休息的，而且这应该是该训练方法中非常重要的一个项目。运动员们在经过一系列训练和比赛之后，不仅在精神上高度紧张，而且也产生了巨大的体能消耗，此时休息是最直接有效的，能使运动员的体力和心理都迅速回到正常水平。

除此之外，运动员伤病之后也需要恢复。由此看来，进行恢复训练是十分有必要的。

5. 多球训练与综合训练

一般的网球运动训练都是用一个球进行训练，多球训练法是通过用数量更多的球来提高训练的密度、强度、难度和节奏等。

综合训练法，很好理解，就是区别于普通的单项技术训练，将多种战术结合在一起，对运动员进行训练的方法。这种训练法介于系统训练法和比赛训练法之间，有助于提高运动员的技战术串联能力和配合能力。

第二节　培养网球球感的科学化训练

所谓的网球运动训练就是我们需要有效地根据网球运动的特点，并且在网球教师的科学指导下，运动员不断提高网球运动的技术水平、身体素质、心理素质以及顽强品质，以获得良好比赛成绩为目的教育过程。

初学网球的时候，因为运动员对球并不熟悉，所以常常会出现这样的情况：刚引拍，球已经飞到身后了；或者发现来球的弹跳方向无法把握，有的球落地后向侧面弹，更多的时候是向上弹。这就是我们所说的没有球感。没有球感，就不可能掌握网球的性能，更无法打好网球。因此，对初学者进行球感练习是帮助他们学会打网球的重要步骤。下面我们就介绍一些增强手、眼对球拍和球的控制力的训练方法，加强熟悉球性的练习。

一、熟悉球性练习

这一练习主要可以从以下几个方面着手进行。

（1）将球抛起，然后尽量抓住，无论是在落地前还是落地弹起后都可以。长期练习，达到熟练的程度。

（2）把球筐或纸盒放在固定的位置，人站在离其一定的距离，将球投入其中。待熟悉之后，可以通过逐渐拉长距离，进行更高难度的训练。

（3）面对墙抛球，可进行两种训练：第一，训练手接球的能力，刚开始可用双手接球，熟练后改为单手接球；第二，训练运动员的反应能力，刚开始可以等球落到地面弹起后将球接住，后续增加难度，不等球落地就要用手接住。

（4）将球抛向身后，转身后接落地反弹球或在落地前接住球。

（5）将球向上抛，在原地转圈后接住球，刚开始可以是球落地弹起之后接住，逐渐熟练之后应该要求运动员在落地之前就要接住。

（6）逐渐上升到接两个球的难度，两只手同时抛起手中的球，然后再用同侧手同时接住球。刚开始可以训练接住落地反弹后的球，熟练后应训练空中接球。

（7）两手各抓一球，同时对抛接球。

（8）两人面对面抛球，接住落地反弹球或空中球，距离逐渐拉长，角度逐渐拉大。

二、单人持拍练习

这一练习可以从以下几个步骤展开。

（1）调整站位的颠球练习。初学网球的学生，首先持球拍自颠球练习，调整脚的立占位，用拍的一面练习颠球，高度要超过头顶。

（2）原地站位的颠球练习。用球拍的正反面练习颠球，规定颠球高度及完成次数。

（3）颠球接力赛。组织学生分组颠球接力比赛，制订规则及要求。

（4）用球拍拍起地上的球，通过球拍与脚配合拾起地上的球。

（5）用球拍向上颠球，达到熟练后，加上移动、转圈和按口令颠球（可采用低—低—高等节奏）。

（6）颠球几次后，让球尽快停在球拍上，再将球向上送出，继续颠球，再停下，反复练习。

（7）向下拍球。向下拍球的方式有很多，如移动拍球、转圈拍球、蹲下拍球等，一个比一个难度大。所以刚开始可以训练拍一下等一下，然后逐渐过渡到连续向下拍球。熟练之后，可逐渐加大难度训练。

（8）颠球训练。刚开始可以让球在球拍上多停留几次，如先颠球 5 次，然后使其落地，再接起，继续颠球 5 次。熟练之后，可以逐渐减少颠球的次数，然后熟练完成一系列动作。

（9）用拍框拍球至熟练，注意眼睛要盯住球。

（10）球击墙训练。运动员站在离墙 1~2 米的地方，先向上颠球 5 次，待球落地后将球轻轻打向墙，然后接起落地反弹回来的球，再颠球 5 次。逐渐训练后，开始逐渐减少颠球次数，最后达到能进行连续打墙练习的程度。这一步熟练之后，可以进行空中发球和空中接球的练习。当能够连续打墙练习后，可适当加大与墙的距离。

（11）用正、反拍面依次连续颠球，最好能加上用拍框边缘颠球。

三、两人持拍练习

两人持拍练习主要可以分为以下几种练习方法。

（1）两人间隔 3 米，一人颠球 5 次，落地后轻轻打向中间，另一人等球落地弹起后接住，再颠球 5 次，反复练习。10 个回合以后，依次颠球 4 次、3 次、2 次、1 次，直至能连续多回合轻打。

（2）基本与第一种方法相同，只是在最后一次颠球时，直接轻轻打向两人中间，一次连续练习，直至能连续多回合轻打。

（3）两人用一把球拍，一人颠球 3 次后（低—低—高），把球拍交给同伴，在球落地之前接住，再颠球 3 次。反复练习，直至颠球 2 次、颠球 1 次后换拍。

（4）两人间隔 1~2 米，一人颠球 5 次，不落地直接送给同伴，同伴在球落地之前接球，也颠球 5 次，再回送给对方。10 个回合以后，一次颠球 4 次、3 次、2 次、1 次，直至能连续多回合不落地轻打，距离可逐渐拉大（也称截击练习）。

（5）两人用 2 个球，各颠 2 次，同时送向对方，球弹起后各自再颠球 3 次。反复练习至熟练。

第三节　网球基本步法的科学化训练

网球运动需要手法和步法的双重配合。手法是基础，步法是关键，二者密切联系，缺一不可。很多初学者在学习网球的时候，都将大部分注意力放在了手法上，殊不知正确的步法在网球运动中同样具有重要的作用。灵活的步法可以帮助运动员及时抢占有利的击球位置并有效地回击来球，大大提高击球率。因此，及时、准确的步法是衔接各项技术动作的枢纽，也是执行各项战术的有力保证。

在进行具体的步法训练时，最重要的是掌握移动的时机和幅度，难点是如何在快速移动中找到击球的最佳位置。例如，击球前不应该跨大步，而应通过微调的方法，以快节奏的小步子去接近球的落点。因为跨大步易使身体失去平衡，不利于建立合理的人球关系。

接下来我们就针对步法的训练介绍一些常用的方法。

一、持拍移动训练

持拍移动训练可以分为以下三种方式。

1. 截击训练

这种训练方式的主要目的是提高比赛中的截击技术的运用能力，它要求运动员在截击练习过程中，步法灵活，跨步幅度大，节奏快而不乱。因此，在训练过程中，教师应运用多球训练截击，如配合性截击练习、竞争性截击练习等。

2. 短吊球训练

短吊球训练的目的是提高比赛中处理小球的能力，它要求运动员击球后一定要退回原位。主要方法是队员站在底线中点上，教师在球网附近送短吊球。

3. 击反弹球训练

击反弹球训练的目的是提高运动员在比赛中处理反弹球的能力，它要求运动员在击反弹球时，腿下蹲，找好击球点，向前推时动作小而准。为了达到该目的，教师应在训练过程中运用多球训练队员击反弹球，还可以进行配合性对击反弹球、竞争性对击反弹球的训练。

二、有球移动训练

有球移动训练可以具体分为以下两种方式。

1. 抛接球训练

抛接球训练的目的是让手、眼、脚步配合更加协调，因此要求抛球的距离、位置要适度。具体的训练方法阿是两人相距约 3 米面对面站立，一人向不同方向抛球，一人用垫步、跨步等步法接球并抛回。

2. 手眼协调训练

这种训练方式的目的是协调手眼的配合，因此在训练过程中要求甲通过循声接球，乙逐渐加大抛球力量。具体的训练方法是甲距墙 2 米左右对墙站立，乙在甲身后对墙抛球，甲用手接住墙壁反弹回来的球。

三、无球移动训练

无球移动训练主要包括以下三种方式。

1. 摸线训练

摸线训练的目的是提高运动员的近距离移动速度，因此，它要求运动员在训练时每次都要用手触到线。具体的训练方式是队员站在单打边线，在单打边线与中球线之间进行摸线移动，看队员在 30 秒中能摸线多少次。32 次以下为差，32~35 次为良好，35 次以上为优。女子可以减 2~3 次为标准。

2. 梯子训练

梯子训练的目的是提高步法的准确性和熟练性，它要求运动员开始时速度适当，然后逐渐加速。具体的方法是脚踏在梯子的空格中，双脚蹦跳、单脚跳、两腿交换跳或跑步通过约 10 米长的梯子。

3. 蹦跳组合训练

蹦跳组合训练的目的是改进还原和启动的速度，它要求运动员连续做，不停顿，蹦跳的高度以双脚离地为准，不宜太高。具体的训练方法是用舞蹈的蹦跳进行移动训练，脚步轻快，做向不同方向的蹦跳和踢脚蹦跳等。

第四节　网球运动员身体素质和心理素质科学化训练

一、网球运动员的身体素质科学化训练

网球运动员的身体素质科学化训练包括力量素质训练、速度素质训练、耐力素质训练、灵敏素质训练等多项内容，这里我们分别从基础体能训练和专项体能训练两个角度对其进行探讨。其中，做好基础体能训练是进行专项体能训练的前提，所以基础体能训练涉及的内容较多。因此，这里针对基础体能训练，我们主要介绍基础力量素质训练和基础灵敏素质训练两种形式；针对专项体能训练，我们将主要介绍力量、耐力和灵敏三个方面的具体训练项目。

（一）基础体能训练

1. 基础力量素质训练

网球运动是一项能够活动到全身的运动项目，因此，其力量训练会涉及身体的各个部位，具体训练项目如下。

（1）屈腕：双手持轻杠铃坐在凳子上，膝部支撑肘部，连续进行手腕屈伸动作。重复练习以发展前臂前部和屈腕肌群力量。

（2）坐姿摆臂前移身体：坐在地板或垫子上，双腿并拢。双手持重物或徒手快速摆臂，带动身体前移。

（3）横跳体操凳或做原地的团身跳。

（4）颈后伸臂：选用一重量适当的轻杠铃，身体直立，双手约以肩宽间距反握轻杠铃于头后部。用力伸双臂向上提升杠铃，然后屈臂放下杠铃于原处。重复练习，以发展上臂后部肌肉力量。

（5）肩负杠铃伸膝做体前屈运动；肩负杠铃，前脚掌垫高 4 厘米左右，向上快速蹬起练习；肩负杠铃，做快速的半蹲起。

（6）练习者仰卧在垫子上，然后做快速折叠起；仰卧在垫子上，两脚夹球，快速做收腹举腿运动。

（7）原地转髋跳：原地跳起，在空中快速左右转动髋部。

（8）在平坦的地面上做连续蛙跳练习。

（9）踝屈伸跳：双腿直膝跳起后足尖翘起，反复练习。

（10）立足跳远：面对沙坑或垫子，双脚以肩宽左右开立，双臂上举并充分伸展身体。下蹲后双腿迅速蹬伸，向前上方跳起，前引双脚落地。

（11）挺身展髋：原地挺身展髋、双脚连续起跳挺身展髋。训练过程中，要求身体动作要准确、到位。并注意动作的保持时间，以 3 秒钟为宜。

2. 基础灵敏素质训练

基础灵敏素质训练项目如下。

（1）正踢腿转体：一腿支撑站立不动，另一侧腿从下向前上方踢起至最高点时，以支撑腿为轴向后转体 180°，两腿交替进行。踢腿时应两腿伸直，上踢快，下落轻，上踢至前额 30 厘米以内时方可做转体动作。练习 3 组，每组 20 次。

（2）弓箭步转体：由（左）弓箭步姿势开始，两臂自然位于体侧。听到“开始”信号后，两脚蹬地跳起，身体向左（右）转 180° 成右箭弓步姿势，有节奏地交替进行。采用计时记数均可。连续跳转 10 秒 / 组，共练习 3 组。

（3）前、后滑跳移动：站立姿势，两脚前后开立，上体稍前倾，两腿微屈，两臂垂于体侧。听到“开始”信号后目视手势而移动身体，前滑跳时，后脚向后蹬地，前脚向前跨出，身体随即向前移动；当前脚落地后迅速蹬地，后脚向后跳，身体随之向后移动。前、后滑跳移动也可以采用左、右滑跳的方式进行练习。持续练习 30 秒 / 组，共练习 2~4 组。

（4）扑球：2 人一组，面对站立。一人抛球一人接球，抛球人将球抛向对方体侧，对方可利用侧垫步、交叉垫步或交叉步起跳扑向球，并用手接住球。2 人交替进行练习。

（5）快速移动跑：运动员站在一点，眼睛要注视着指挥的手势，根据所指方向快速跑动。一般情况下，指挥者的指令发出时间间隔不得超过 2 秒，在这 2 秒内，运动员要根据指挥所指的方向，向前、后、左、右快速变换跑动。每组 15 秒，共练习 3 组。

（6）模仿跑：这一训练需要 2 人一起参加，两人一前一后站立，间隔 3 米。所谓模仿跑，就是后面的人要模仿前面的人，做出相同的动作。例如，前面的人在听到“开始”的信号之后就开始跑，并在此过程中做出变向、急转、跳跃等不同动作，后者则要做出与之相同的动作。持续练习

15 秒 / 组，间隔 30 秒，共练习 4 组。

（7）越障碍跑：该项训练就是通过专门在运动员跑道上设置障碍，达到训练的目的。运动员要面对跑道站立，在开始之后，可以通过一系列动作，越过障碍物体，最后跑完全全程。

（8）障碍追逐：乙方为被追方在前，甲方为追方在后。听到“开始”信号后，练习者利用障碍物进行一对一追逐游戏，追上对方用手触到身体任何部位，即刻交换进行。持续练习 20 秒 / 组，间歇 20 秒，共练习 5~6 组。

（9）躲闪摸肩：2 人站在直径为 2.5 米的圆圈内。听到“开始”信号后，在规定的圈内跑动做一对一巧妙拍摸对方左肩的练习。记录 30 秒内拍中对方肩的次数，重复 2~3 组。

（10）过人：画一个直径为 3 米的圆圈，在圆圈内 2 人各站半圈。听到“开始”信号后，一人防守，一人设法利用晃动、躲闪等假动作摆脱防守者进入对方的防区。交替进行。

（二）专项体能训练

1. 专项力量素质训练

专项力量素质训练主要包括徒手训练和器械训练。

徒手训练项目一般包括以下练习。

（1）抓空拳练习。抓空拳是一种很好的练习方法，80~100 次。可以在不用手去做事情的任何时候进行练习。

（2）发展上肢力量。例如手掌撑地俯卧撑，手指可向前或向内。

（3）发展手指和手腕力量。例如做手指撑地前进或后退的动作。

（4）发展肩、臂力量。做靠墙倒立。

（5）发展腹肌和腹内外斜肌力量。仰卧起坐接转体，仰卧，两手抱头，上体迅速抬起，右肘触左大腿，左肘触右大腿各一次。有助于发球时收腹转体的用力及其他击球动作的转体用力。

（6）发展腹肌和腰背肌力量。做仰卧两头起，两手尽量触两脚背。

（7）发展腰背力量。做俯卧两头起。俯卧垫上，两臂前伸，两腿并拢伸直，两臂和两腿同时向上抬起，腹部着垫成背弓。

（8）发展大腿前群肌肉。做单腿蹲起。单腿支撑，另一腿平举，下蹲，起立。初做时可扶支撑物。

2. 器械训练

器械训练是指训练的时候借助一定的器械，如杠铃等。用杠铃进行训练可以做以下动作。

（1）发展全身各部分力量，提高全身协调用力的爆发力。例如做抓举、挺举等动作。

（2）发展肩、臂力量。可以做推举。

（3）增强腹内外斜肌及骶棘肌力量。例如做负重转体：身体直立，颈后负杠铃，两足固定，先向左转体再向右转体至极限。

（4）发展大腿及臀部肌肉。可以做负重深蹲：颈后负杠铃，挺胸塌腰，下蹲慢些，蹲起时挺胸抬头，腰部保持收紧。

（5）发展下肢尤其是小腿及曲足肌群力量。做负重分腿跳：身体直立，颈后负杠铃，连续快速地前后分腿跳。

（6）增强小腿后群肌肉力量。做负重提踵：身体直立，颈后负杠铃，脚前掌站于低台阶上，脚后跟尽量下压后快速向上提踵。

3. 专项耐力素质训练

针对耐力素质训练，我们主要列举两种训练方式。

第一种是跑的训练，这些练习每周至少进行一次。主要有以下几种方式。

（1）长跑。1000 米跑；1500 米跑 3000 米跑；越野跑 3000~5000 米。

（2）原地跑。慢速并抬腿至腰高，然后尽量快速。注意保持用脚前掌跑，随着身体素质的提高，可增加触地次数，缩短恢复时间。

（3）爬坡跑。进行强度有氧耐力训练 100~200 米，然后再进行大强度无氧耐力训练 50~60 米。

（4）楼梯跑。楼梯往返跑，跑步登梯，然后用慢速再跑回起跑点或慢速登梯再快速回起跑点。

（5）变速跑。例如可以先加速跑 50 米，再慢跑 50 米；还可以加速跑 30 米，再慢跑 70 米；或者加速跑 100 米，慢跑 50 米。

第二种是跳的训练，主要有以下几种方式。

（1）左、右跨步跳。动作要领是两脚开立，左腿蹬地，右腿向右前方跨步，然后反方向练习。每组两腿各跨 30 次。

（2）跳绳。跳绳是提高腿部的爆发力的有效方法之一，也是提高耐力训练的重要方法，且具有一定的趣味性。

（3）跳高台。做双脚连续跳上高台练习。跳楼梯时每组 40 次，跳看台时每组 20 次。

4. 专项灵敏素质训练

专项灵敏素质训练的具体项目如下。

（1）快速挥动小竹棍(带竹梢)，做鞭打动作。

（2）急停急跑。例如，根据信号在快速跑动中做起跑、急跑、急停，返回时根据信号做转身跑、变方向跑、后退跑。

（3）快速前后左右提踵跳。该动作在沙地做更好，用最快的速度做15秒左右。

（4）原地两脚交替快速跑，用最快的速度在10~20秒钟完成。

（5）闪躲跑：画两条距离30米的平行线，每隔6米插一根标枪。练习者站在一平行线后，听信号快速跑向另一线，在跑的过程中闪躲4根标枪。

（6）防竹竿纵跳：同伴手执一个长竹竿，沿地面画圈，练习者在侧面做防止竹竿触脚的连续快速跳动。

（7）十字交换跳：直立，双脚起跳，做前后左右十字交换跳。

（8）起跳90°、180°、360°转动。两脚左右开立，起跳后髋部转动带动身体做90°、180°、360°转动。

（9）传接球：两人一组，一人向不同方向传、抛网球，另一人快速移动将球接住传回，两人交替练习。

二、网球运动员的心理素质科学化训练

（一）网球运动情绪的控制

网球运动中常见的情绪就是焦虑、兴奋度不高或者紧张。针对这些情绪，我们总结了以下控制方法。

1. 提高兴奋度

我们主要从心理和生理两个角度进行讨论。

（1）心理上的调节。为了提高兴奋度，运动员可以使用一些积极的心理暗示，具体方法如：

第一，把当时的局势看作一种挑战。

第二，力求全力以赴。

第三，使用积极的自我谈话，如“加油”“上”等。

第四，想一些产生动力的事。

第五，使用提高情绪的词，如使劲、快、加速等。

第六，听节奏快、高亢的音乐。

第七，吼叫。

（2）生理上的调节

第一，做动作时加力。

第二，使用短促的快速呼吸加快呼吸的频率。

第三，在两分之间的时间间隙里用前脚掌上下跳动，保持双脚活动。

2. 减少焦虑

（1）心理上的调节。

第一，不要害怕紧张，因为这是你已进入比赛和重视比赛的信号。

第二，把一切都当作真正重视比赛的正常反应。

第三，运用放松的技巧：呼吸放松，肌肉放松等。

（2）生理上的调节。

第一，了解身体的信号，不要将“心跳”误解为紧张的信号。

第二，用深呼吸放慢你的呼吸，击球时呼气。

第三，用收缩和松弛肌肉紧张的方法使你的胳膊、颈和手的肌肉放松。

3. 对紧张状态的处理

面对紧张情绪，运动员可以从以下几个方面着手进行调节。

（1）切忌连续打太多的比赛。

（2）切忌进行超量的身体训练。

（3）训练和比赛之间要安排休息和恢复。

（4）训练期要短，强度要大。

（5）力求把网球比赛当作锻炼，而不是当作威胁来看待。

（6）每天记录你的紧张程度，当你感到紧张时，不要害怕承认你现在紧张。

（7）让你的教练员知道你的承受能力何时到了极限。

（二）网球运动行为动机的激发

1. 常见的动机问题

（1）动机缺乏。动机缺乏主要表现在以下几个方面。

第一，在大强度的训练期内缺少激励训练的动机。

第二，运动员对训练感到厌烦和单调乏味。

第三，参加水平较低的比赛时没有激情。

第四，个人问题、受伤、连续失利、更换教练员等其他方面的原因。

（2）动机过度。动机过度主要表现在以下几种情况下。

第一，面临非常重大的比赛时。

第二，一系列的连续胜利之后。

第三，参加高额奖金的比赛时。

（3）空虚的动力。真正爱一项事业，需要从内心来爱它，如果被附上其他标签，或者被其他问题所累，就失去了原本的意义。空虚的动力的表现主要有以下几个方面。

第一，缺乏动力。网球对我来说就是一切，输掉比赛我就无法生活，干脆不打球了。

第二，脆弱的外在动力。只为奖金而打球，为了得到别人的认同和表扬才打网球。

第三，可悲的自我激励。赢球后我就去吃一顿，因笨拙的击球而责骂自己、摔拍子等。

（4）消极的动力。消极的动力主要表现在以下几个方面。

第一，怕赢也怕输。

第二，害怕受伤。

第三，害怕别人(教练员、父母、朋友等)的反应。

2. 激发网球运动员动机的方法

激发网球运动员动机的具体方法有很多，例如把网球变成一种乐趣、每天记录自己的成绩、与自我激励能力很强的运动员交往等。每个人所适应的方式也不一样，喜欢的方式也有很多。限于篇幅，这里我们不做过多阐述，感兴趣的读者可以借鉴相关资料，也可以结合自身的经历进行补充。

第五节　网球教练员的科学化训练

运动员的训练离不开教练员的引导和指点，所以一个优秀的网球教练员对于培养优秀的网球运动员是至关重要的。本节内容主要探讨网球教练员的科学化训练，下面我们就以网球教练员的工作为中心，从各个角度讨论其进行科学化训练的具体操作。

一、运动员选材

网球教练员在进行运动员选材时应主要对以下几个因素进行重点考虑。

（1）体能。包括身体形态、身体机能、身体素质三个方面。体能是形成运动技能的基础，也是运动员竞技能力的物质基础。没有体能，竞技能力就无从谈起。

（2）心理能力。心理能力对运动员的活动起着调节、控制和主导的作用。尤其是运动员的集中与放松能力、自我激励能力和自我控制能力等对其网球运动的学习有着重要的影响作用。

（3）技能。网球运动员应掌握全面的击球技术和克敌制胜的战术。熟练的技能可以表现出高度的竞技能力，取得优良的竞技效果。

二、制定训练计划

制定训练计划是训练科学性的主要表现，因为有计划的训练会使其得到事半功倍的效果。训练的计划性主要体现在两个方面：第一，理论计划，教练需要对比赛的安排和运动员的具体情况有一个清晰的了解，进而从理论上制定出其未来训练活动的计划；第二，实践计划，将理论计划付诸实践，对训练做出具体的安排，短期的到周训练计划，长期的到年度训练计划，甚至多年训练计划等。总之，在实现运动员技术水平不断提高的同时，要保证训练的科学性和计划性。

三、组织实施训练计划

训练计划是教练员组织安排日常训练工作的依据，必须严格执行，一般不能任意改变或降低要求。在实际训练中，无论计划制定得多么完善，要求多么严格，仍然还有运动员由于技术、思想以及身体原因而不能按计划要求进行训练，导致不能完成训练任务。这时教练员首先要分清是计划和教练员的要求问题，还是运动员的问题。如果是计划和教练员的要求不符合客观实际，教练员就应当对某些练习内容和要求作必要的调整。如果是运动员的问题，也应当查明原因，做出针对性地妥善处理。

四、比赛期间的工作

比赛期间的工作主要可以分为三部分，分别是赛前、赛中和赛后。

（一）赛前

赛前工作主要可以总结为以下几点。

（1）进行赛前的调查研究。

（2）制定作战方案。

（3）确定团队比赛的上场队员及出场安排。

（4）进行赛前训练。

（二）赛中

比赛开始后，教练员的主要工作包括以下几项。

（1）给运动员开准备会。

（2）带领运动员进行赛前准备活动。

（3）对运动员的心理变化进行细心观察。

（4）进行临场指挥。

（5）抓好重要场次的比赛。

（6）及时做好赛中小结。

（三）赛后

比赛完成后，教练员还有一系列善后工作要处理，主要如下。

（1）根据完成任务的情况，总结经验教训。

（2）对全队的技术表现水平和比赛作风进行总结，进而检查训练中的成功经验和存在的问题。

（3）分析对手的优缺点，预测他们以后的发展趋势。

（4）对队员们在比赛中的表现情况进行奖励或批评，对以后的训练工作提出建议。

第三章　网球运动训练与科学化医务监督

网球运动训练效果不仅受运动训练内容和方法等因素的影响，还与疲劳恢复、营养补充、伤病防治等存在密切的关系。这就要求网球教练员和运动员在网球运动训练中，做好医务监督工作。

第一节　网球运动训练疲劳的产生与恢复

一、运动疲劳的概念

人体的疲劳是一种正常反应，从专业的科学角度来讲是一种机体对运动刺激的基本反应。它产生于身体受到的一定的运动负荷的情况之下，是一种暂时的机能下降现象，会在适当休息和调整后得以恢复。

自然中，各种生命都蕴蓄着一定的生物能量，而在自然规律的支配下生物的能量在不断地进行集聚、转换和耗散。人体作为自然中的一种高级生物，同样也在参与着这样一种循环的过程。可以说人体的能量在各种各样的活动中进行消耗，睡眠也不例外。而能量消耗的速度会与活动激烈的程度成正比；人体活动的效率也不是一成不变的，会随着时间的延长而有所下降，这个时候就表现为机体的疲劳现象。

通常来讲，运动性疲劳现象的出现只是起到一种保护性信号或称保险阀的作用，而对人体并无太大的损害。一场网球比赛中，运动员的能量消耗远高于篮球和足球，为 63 千焦 / 分。伴随着疲劳—恢复—再疲劳—再恢复这一良性过程，运动员的专业水平会得以提高。

但是，应当特别注意的是，当疲劳产生后就不能使其继续累积了，否则会产生过度疲劳，使得机体的疲劳加重，甚至力量衰竭，进而演变成一种病理现象，危害健康和生命。

二、网球运动训练疲劳的产生

网球运动需要运动员在极短的时间内做出积极反应，并多次重复大强度运动，极易使得大脑皮质发生变化，表现为过度抑制或兴奋。而大脑作为人体的中枢神经系统，其疲劳还可能引起机体各个器官系统的功能失调。那么在网球运动中，疲劳是怎样产生的呢？下面将予以分析、探讨。

（一）物质代谢失调

运动员组织器官最佳动能状态的保持，以机体内环境的相对稳定为基础和前提。机体内部呼吸、神经、血液循环、内分泌、泌尿等系统，调节着机体内环境的平衡。而在长时间剧烈的运动训练中，由于组织器官某些代谢产物的堆积，可导致体内代谢性酸中毒。疲劳的产生离不开高渗性脱水、血液 pH 值下降、渗透、血压改变等诱因。由此，从综合的宏观角度来看，机体内部环境状态会导致运动性疲劳的产生。当内环境的平衡稳定状态遭到破坏时，疲劳就产生了。

机体的活动需要能量的支撑，而这种能量则来源于其内部的代谢活动。而网球运动作为人类的一种运动量较大的活动，运动员在活动过程中必然要消耗一定的能量，而这些能量就来源于机体内的糖、脂肪和蛋白质的有氧或无氧代谢。当运动员训练的时间过长时，机体内的能源物质将会被快速消耗，无机盐、水分、维生素等也会随之减少；当机体内部环境的物质代谢失调时，机体就会因为运动性疲劳而很难再继续进行工作。

（二）能量物质消耗

能源衰竭学说的观点为：疲劳的产生离不开运动过程中体内能源物质大量消耗而得不到及时补充。实验证实，运动性疲劳与能源物质消耗过多密切相关，且由于运动强度、时间不同，消耗的能源物质也会不同。其运动过程中能量消耗和疲劳的产生，可以通过图 3-1-1 体现出来。

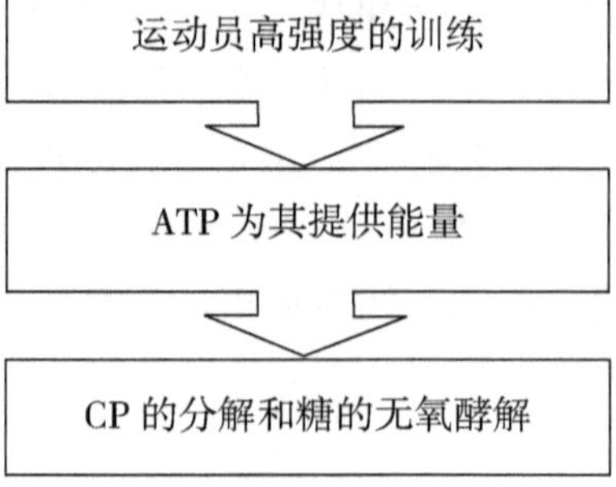

图 3-1-1

在运动训练过程中，运动负荷的不断增加，大量分解消耗了机体内的肌糖原，而肌糖原的消耗又会产生大量的乳酸。这些乳酸会堆积在肌肉中给人带来不适，而乳酸的分解和消耗需要大量的氧气，于是机体会加大肺部的呼吸来吸纳更多的氧气以消除这种不适感。

此外，实验还表明网球运动训练会导致 HL 值升高，血 pH 值下降，由此会发生失代偿性酸中毒，对肌肉的运动能力产生较大的负面影响，最终导致运动性疲劳的产生。

（三）代谢产物堆积

乳酸是机体在任何体育运动训练过程中都会产生的一种代谢物质，如果这种物质过多地堆积于体内，会使得肌肉产生严重的酸累感，并严重影响到机体的正常代谢，进而降低机体的运动能力。

具体来说，乳酸堆积可导致三大现象（图 3–1–2），进而导致运动性疲劳的产生。

乳酸堆积导致的三大现象

- 促使运动组织局部血管扩张，血流速度加快，虽然有利于增加氧的运输和供能，但也使 ATP 再合成速度减慢。
- 乳酸解离后产生的氢离子，导致肌肉中 pH 值下降。氧离子可以从肌钙蛋白中置换钙离子，而阻断肌肉收缩，阻碍神经肌肉的兴奋传递，抑制脂肪酶的活性而降低脂肪氧化供能，促使疲劳产生。
- 抑制糖、糖原的分解或酵解，增加肌肉中水分的含量，并可减少乳酸从肌肉中的运出。

图 3–1–2

（四）精神保护抑制

巴甫洛夫学派的学者认为，当大脑细胞长期处于兴奋状态时就会使得“消耗”增多，而随着“消耗”的累积就会产生一种保持性抑制。大脑皮质保持性抑制的发展最终会使机体产生疲劳感，而这种疲劳既包括体力上的疲劳，又包括脑力上的疲劳。

莫索早期做过一项这样的实验：让一个人用手指提起重物，当持续一段时间后手指感到疲劳时，用电对屈指肌进行刺激，结果手指就又能够将重物提起。这表明疲劳的产生与中枢抑制有着极为密切的关系。在网球运动训练过程中，机体的疲劳首先反映在运动员的主观感受上，而在运动过程中，机体各种正常活动的开展都需要各个系统和器官的配合，而系统和器官与活动的适应和协调则离不开神经系统的指挥。而在运动过程中，神经系统的功能会逐渐降低，随之会抑制神经细胞，机体的疲劳感会随之产生并累积，这时机体的疲劳程度会受到其功能与情绪抑制状态的影响。

（五）突变假说机制

与以上几种观点不同，突变假说将兴奋性和能量消耗综合到一起来看疲劳的发展。该理论认为，当机体在一个能量不断消耗和兴奋性不断衰减的过程中时，为了避免能量的储备进一步下降而出现一个急骤的能力下降阶段。

三、网球运动训练疲劳的恢复

（一）积极休息

无数实践表明，要想消除体育运动过程中产生的疲劳，可以在运动过程中进行积极的休息，做到劳逸结合。具体来讲应注意三点，如图 3–1–3 所示。

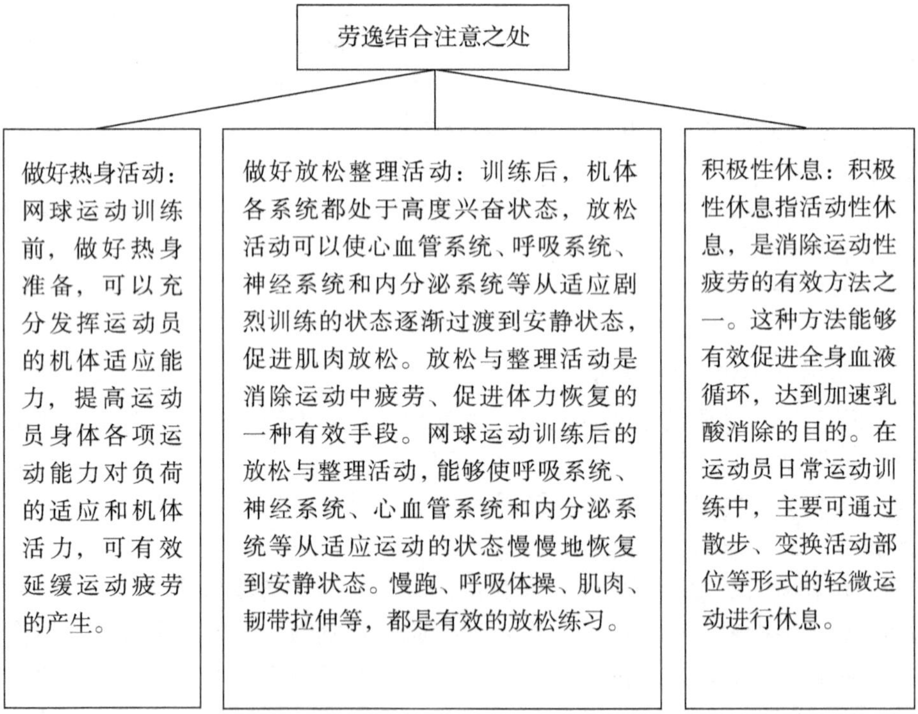

图 3–1–3

（二）改善睡眠

睡眠对消除疲劳有着极其明显的作用。要想使自己的睡眠得到改善，具体来讲应当做到如图 3–1–4 所示的两点。

改善睡眠的方法

提高睡眠质量：在网球运动训练后，保证良好而充足的睡眠是使身体得到恢复的重要措施。充足的睡眠可以有效缓解运动性疲劳。运动员必须遵守一定的作息制度，从而保证睡眠的时间和质量，并讲究睡眠卫生。

延长睡眠时间：良好的睡眠可有效消除疲劳。研究表明，人体在睡眠状态下，各器官、系统活动会下降到最低水平。这时，机体的物质代谢减弱，能量消耗也维持在最低水平，合成代谢有所加强，可使机体消耗的能源物质逐渐得到恢复。

图 3–1–4

这里需要特别提出的是，增加睡眠并不是睡眠时间越长越好，而是指合理安排作息时间，讲究睡眠卫生，并坚持始终如一。在训练期间，每天应保证 8~9 小时的睡眠时间；大训练量训练和比赛期间，睡眠时间应适当延长，可适当安排一定时间（1.5~2 小时）的午睡。

（三）补充营养

机体内大量的能源物质为其运动训练提供了支撑，而随着运动的开展，能源物质的不断消耗，疲劳感也就产生了。在训练性疲劳的产生过程中和训练性疲劳出现以后，尽快摄入足够的营养物质来补充能量，实现对机体生理功能的调节，从而消除疲劳感，使机体得以恢复到最佳状态。

在网球运动训练期间，运动员可进行适当的营养补充，如及时补充糖、蛋白质、矿物质以及各类维生素等机体生理活动所消耗的能源物质，从而消除疲劳，使机体的内部结构得以修复。

（四）物理疗法

在长期的体育运动实践过程中，人们积累了大量缓解运动疲劳的方法，其中的一些物理疗法和中医治疗措施起到了极其明显的作用。当然，运动员在日常生活中所有的精力主要集中于运动训练，在提高身体素质和运动技能上，对这些物理和中医的原理措施不可能全部掌握，这就需要专业医师的帮助。

针对网球运动训练中的疲劳现象和症状，可采用以下常见的物理疗法进行缓解和治疗。

1. 按摩

推拿按摩可以通过对人体的机械刺激、神经反射，通过神经—体液调节而影响人体，从而消除运动训练中的疲劳。在高强度的网球运动训练后，运动员可以根据自己身体的疲劳感觉情况进行局部性或全身性的按摩，以有效地帮助机体恢复，消除疲劳。当然，还应具体注意适当调整按摩的时间、深度和力度。

（1）按摩的作用。具体来说，推拿按摩具有以下几个方面的作用。

① 使得作用处周围的血管得以扩张，从而降低体内经脉和血液循环阻力。

② 刺激或抑制神经系统，产生兴奋或抑制作用，调节呼吸和改善消化机能，改善皮肤的营养。

③ 调节血液循环、解除大脑的紧张、增强心血管功能，改善由训练性疲劳造成的免疫功能下降的状况。

④ 放松身心，缓解疲劳、愉悦心情。

（2）按摩的优势和方法。推拿按摩是利用中医的经络穴位理论，其实施既不需要特殊的医疗设备，又对时间、地点、气候等因素没有特殊的限制，可以说是既经济又简便易行。人工按摩、机械按摩、水力按摩以及气压按摩等是运动恢复中常见的按摩的方法，具体的选择要以运动员自身的经济条件为依据进行。

2. 理疗

而光疗、蜡疗、电疗等都属于理疗的范畴，这种疗法没有什么副作用，可以很好地促进身体局部或全身的疲劳肌肉代谢，加速血液循环、使机体的血液供应得到改善；促进营养物质的吸收，并促进代谢产物的进一步排泄，从而达到消除疲劳的目的。

（1）直流电疗法：利用低电压、平稳的直流电流，导体两端存在电位差，使组织内离子沿一定方向移动产生电流，引起组织间体液离子浓度比例的变化，达到消除疲劳的效果。

（2）光疗法：利用人工光源或日光辐射能量治疗疾病的方法称为光疗法。

3. 沐浴

（1）涡流浴。涡流浴又称为水按摩，是一种不断搅动水流，利用明显的水温与水流冲动刺激肌肉的沐浴方法。其强度可以调节。

（2）温水浴。温水浴可促进人体血液循环，通过对副交感神经的刺激镇静止痛。而且，还有利于促进疲劳肌肉的物质代谢。温水浴对水温有一个限制，一般以 40℃左右为宜，过高或过低都不好，时间上应控制在 10 分钟左右。此外，在运动训练结束半小时后进行冷水与热水交替沐浴也是一种比较好的方法，其水温应当控制在冷水温度在 15℃左右，热水温度在 40℃左右。这种交替沐浴对时间也有一个明确的要求，一般冷水浴进行 1 分钟，热水浴进行 2 分钟，交替 3 次即可。

（3）按摩浴。这种沐浴方式采用脉冲式水力，通过在澡盆与肢体躯干部位应相对设置多个喷头，充分利用水的压力对需放松的肌肉自动喷射。其水压和按摩部位均可以调节。

（4）桑拿浴。在高温、干燥的桑拿浴中，机体的血液循环得到加速，人体大量排汗，促进体内代物排出体外。一般来说，为了避免脱水和加重疲劳，不要在训练结束后即刻进行桑拿浴，并且这种沐浴方式时间应在 5 分钟左右，最好与温水浴交替进行；浴前补充足够的水和营养物质效果更佳。

4. 针灸

针灸是一种传统中医疗法，对于治疗运动伤病有显著疗效。针灸疗法也是借助了中医学的经络穴位原理。当疲劳产生后，在机体相应的疲劳位置进行针灸，刺激穴位，疏通经络，加速血液循环，促进机体代谢是非常有效的。

在网球运动训练结束后，针对不同部位和程度的肌肉疲劳可采用不同的穴位针刺的方法。如可以采用针扎强壮穴足三里的方法来达到消除全身疲劳的功效，采取配合间动电电针的方法消除局部疲劳。

5. 拔罐

拔罐，俗称拔火罐，是以杯罐为工具，利用火的燃烧排除罐内的空气产生负压，使杯罐吸附在皮肤上，作用于皮肤的治疗方法。

中医中的传统疗法——拔罐对运动后局部严重疲劳并伴有损伤的局部性疲劳的恢复有着显著作用。其原理在于：由溶血（罐内形成负压吸力较强引起局部毛细血管充血，甚至使毛细血管破裂而产生瘀血，瘀血消退过程中发生溶血，释出的血红蛋白刺激大脑皮质，从而改善对各器官系统的调节功能）、温热（拔罐时局部皮肤有温热感，温热刺激能促进局部血液循环）的作用。

6. 吸氧及空气负离子疗法

实践表明，空气负离子可以明显改善大脑的机能和肺部的换气功能。此外，它对血液也起到了明显的作用。实验表明，空气负离子可以刺激机体的造血机能，增加血液中的红血球、血红蛋白、血小板，加速血液流动速度，增大心搏输出量，扩张毛细血管，加速乳酸的代谢，从而消除疲劳。

第二节　网球运动训练营养的消耗与补充

一、网球运动训练营养物质的消耗

（一）蛋白质的消耗

蛋白质的代谢会随运动而发生变化，耐力性运动会加强蛋白质的分解，减慢其合成速度；而力量性运动过程中，机体为了获得能量也会加强蛋白质的分解，并随之出现肌肉体积增大，力量增强的状况。

在长时间大强度运动中，相对于机体对糖分的消耗，蛋白质的消耗仅占到较小的一部分。据相关数据显示，运动 1 小时，机体的糖分被大量消耗后，蛋白质在总能量消耗中的数量仅占到 4.4%。

网球运动中蛋白质的供能消耗较少。但是，如果运动员缺乏蛋白质，那么会导致其运动能量的下降。

（二）糖类的消耗

运动过程中，糖类可以产生充足的能源。相关研究发现，一个人体内的糖原贮量与其运动能力成正比关系。而不管任何运动几乎都要消耗机体的糖原，这时候机体的糖原补充就显得尤为关键。为了提高机体的运动能力，可以通过运动前后合理地补糖来减少机体的糖原消耗。

（三）维生素的消耗

随着运动员不断运动，其机体的物质代谢也不断增强，而对维生素的需求量也会随之增加，尤其剧烈的运动会加速维生素的流失。而为增强运动员的耐力，应及时补充维生素。

（四）脂肪的消耗

脂肪作为一种营养物质，能够为机体提供很高的热量和能量，比如 1 克脂肪可产生 9 千卡的热量。脂肪也是机体长时间运动中的重要能量来源，其代谢特点是需要大量的氧气参与。

在网球运动训练过程中，脂肪分解代谢可产生能量用于支持运动员的运动过程，但需要充足的氧气参与。如果氧气不足以支持脂肪的代谢，那么不仅会浪费脂肪还会对机体的运动能力产生一定的负面影响。当然，当脂肪能够很好地参与到能量的供应上来时，也会使机体的脂肪含量大大降低。

（五）水的消耗

运动员运动时消耗能量，机体为对体热平衡进行调节而排除汗液，因而机体水分流失较快。一般来说，活动量大，机体会排出大量的汗。此外，气温、热辐射强度、气压、温度、单位时间运动量及饮食中的含盐量，都会对机体的排汗量产生影响。

（六）矿物质的消耗

运动会引起机体内矿物质的代谢，当运动量大时，运动员尿液中将排出少量的钾、磷和氯化钠，而钙的排出量则随之增加。人体的血液中存在着一种重要的携带输送氧气的物质——血红蛋白，而随着机体铁流失的加速，血液中血红蛋白的含量也会减少，这就进一步导致血液输送氧气的能力降低，从而使机体的正常代谢运转受到负面影响。严重的会使人出现头晕、乏力等缺铁性贫血的症状。

二、网球运动训练营养物质的补充

（一）糖类的补充

1. 糖类的食物来源

面粉、大米和马铃薯等植物性食物中的谷类、根茎类和各种食糖，以及蔬菜和水果是糖类的主要来源。据营养学家推荐，人体每日摄入糖类的量为每千克体重 8~10 克。

2. 糖类补充的方法

糖类是人体热能的主要来源，它存在于几乎所有的事物当中，极其容易被人体消化和吸收。淀粉是膳食中糖分的主要形式，其分解后会产生葡萄糖为机体提供能量。此外，各种水果中、蜂蜜中还含有丰富的果糖，这种糖分很容易被机体吸收和利用，并且一般不会变成脂肪，对网球运动员来说是不错的能量来源。具体来说，可以通过图 3–2–1 中的三种形式和方法来补充运动训练中糖的消耗。

三种糖类补充方式

- 运动前补糖：运动训练前的数日增加膳食中的糖类食物，也可在参加运动前的 1~4 小时每千克体重补糖 1~5 克。但应避免在运动前 30~90 分钟补糖，以防止运动时血中胰岛素升高。
- 运动中补糖：运动过程中，应每隔 20 分钟补充含糖饮料或容易吸收的含糖食物，补糖量一般不大于 20~60 克 / 小时或 1 克 / 分钟，通常采用少量多次饮用含糖饮料。
- 运动后补糖：大强度的运动后，运动者补糖的时间越早效果越好。理想的方法是在运动后即刻补糖、运动后 2 小时内补糖、每隔 1~2 小时连续补糖。补糖量以 0.75~1.0 克 / 千克体重为宜。

图 3–2–1

（二）蛋白质的补充

1. 蛋白质的食物来源

网球运动员的饮食中，蛋白质所供给的能量占据总能量的 20%，每公斤体重每天大约需要进食 1 克蛋白质。过多摄入不仅不能储存，还会给肝脏代谢带来负担，而长期大量地进食蛋白质，容易造成人体钙质流失并给肝脏造成负担。

奶制品和每餐不同豆类及谷物的组合摄入，可以保证完整蛋白的摄入量。

蛋白质主要来源于动物性食物和植物性食物。通常，奶、蛋、鱼、瘦肉等动物性食物中，蛋白质的氨基酸含量和比值接近人体组织蛋白，因此，营养价值非常高。其中鸡蛋和人乳蛋白质是营养价值最高的蛋白质；蔬菜水果等食品，其蛋白质含量比较低（表 2–2–1）。

表 2–2–1　常见食物中的蛋白质含量（克 /100 克）

食物名称	蛋白质含量	食物名称	蛋白质含量	食物名称	蛋白质含量	食物名称	蛋白质含量
牛奶	3.0	猪肝	22.7	猪后臀尖	14.6	豌豆（干）	20.0
酸奶	3.1	猪腰	15.2	猪后髓	16.1	油豆腐	18.4
鸡蛋	13.3	牛肚	12.1	猪前肘	15.1	素鸡	17.1
猪瘦肉	20.2	小麦粉	10.9	猪五花肉	14.4	油豆腐丝	24.2
牛瘦肉	19.8	大米	8.0	猪奶脯	7.7	白豆腐丝	22.6
羊瘦肉	17.1	玉米面	9.2	猪肘棒	16.5	熏豆腐干	15.8
鸡肉	19.1	黄豆	35.6	牛后腿	19.8	白豆腐干	13.4

续表

鸡腿	17.2	豆腐	11.1	牛后腱	18.0	西瓜籽	32.3
鸭肉	17.3	红小豆	20.1	牛肝	19.8	葵花子	22.6
黄鱼	20.2	绿豆	20.6	牛蹄筋	38.4	榛子	30.5
带鱼	21.2	花生	26.6	素什锦	14.0	核桃	15.2
鲤鱼	18.2	香菇	20.1	酱豆腐	9.7	栗子	4.1
鲢鱼	17.4	木耳	12.4	羊后腿	15.5	松子	14.1
对虾	16.5	海带	4.0	羊前腿	19.7	莲子	19.5
海蟹	12.2	紫菜	28.2	鸡肝	17.4	猪血	18.9
臭豆腐	14.1	毛豆	13.0	鸡心	15.3	猪肠	6.9
腐竹	44.6	豌豆	8.5	蚕豆	25.8	兔肉	19.7

2. 蛋白质补充

在网球的训练活动过程中，由于运动员的机体蛋白质代谢以分解代谢为主，因而及时充分地补充极为重要。但还应注意到，蛋白质食物的代谢需要水分，当过多摄入蛋白质时，机体的代谢率大大提高，同时水分的需要量也大大增多，因而对于即将上赛场的运动员不宜摄入过多的蛋白质。

网球运动对运动员的力量素质和速度素质要求较高。因此，训练期间，运动员的蛋白质供应量应达到 2 克 / 千克体重，优质蛋白质应占 1/3。

（三）脂肪的补充

脂肪也是人体能量的重要来源之一。脂肪的摄入不仅可以增加人体的饱腹感，还可以延迟胃的排空速度。而脂肪主要存在于哪些食物当中，运动员在补充脂肪时应有哪些方法和注意事项，如图 3-2-2 所示。

脂肪的补充

脂肪的食物来源：脂肪能够为人体提供每日所需热量的 20% ~30%，而在花生、玉米、大豆、芝麻、橄榄、豆腐等素食中含有丰富的不饱和脂肪酸。

脂肪补充的方法：脂肪的摄入应以满足生理需要为限，不能摄入过多，否则就会引起心血管疾病、脂肪肝等疾病。而对于网球运动员来讲，摄入过多脂肪会影响体重，导致网球运动员运动速度的下降，不利于其专项能力的提高。因此，在补充脂肪时，对摄入脂肪的质和量都要加以限制，摄入的脂肪量以占摄入总能量的 20% ~ 25% 为宜，应注意选用一些含不饱和脂肪酸的食油，少吃动物性脂肪，如果偏好肉类可以多食用鸡肉、鱼肉等。

图 3-2-2

（四）维生素的补充

维生素作为机体正常运转的重要物质，几乎不可能在人体中进行合成，但可以从很多天然的食物中获取，如新鲜蔬菜、水果，各种豆类、谷物类、坚果类及动物的心脏、肝、肾、脑、瘦猪肉、蛋类等，具体如表 2-2-2 所示。

表 2-2-2　常见维生素的食物来源

维生素	食物来源
维生素 A	动物的肝脏、鳕鱼、大比目鱼和鱼油、鸡蛋、肉类、奶及奶制品。此外，绿叶菜类、黄色菜类以及水果类，如胡萝卜、豌豆苗、红心甜薯、青椒、菜、苜蓿等食物中富含维生素 A（胡萝卜素）。
维生素 B_1	豆类、糙米、牛奶、家禽、葵花子仁、花生、瘦猪肉等，以及小麦、小米、玉米、大米等谷类食物。
维生素 B_2	瘦肉、蛋黄、糙米、小米及绿叶蔬菜、紫菜、香菇、鲜豆、花生、牛肝、鸡肝、螃蟹、鳝鱼、小麦胚芽、鸡蛋、乳、奶酪等。
维生素 B_6	鸡肉、鱼肉、牛奶、酵母、豆类、蛋黄、糙米、绿叶蔬菜、香蕉和坚果类等食物。
维生素 B_{12}:	动物的肝、肾、肉，以及蛋、鱼、奶等。
维生素 C	水果、蔬菜等植物性食物。
维生素 D	动物肝脏，特别是海鱼肝脏制成的鱼肝油、鱼肉、蛋黄、奶油等。
维生素 E	小麦胚芽、大豆、植物油、绿叶蔬菜、猕猴桃、坚果类，瘦肉、乳类、蛋类、鱼肝油。

网球运动训练会加速维生素的流失，导致运动员的耐受力比平常人差，所以应及时补充。

（五）无机盐的补充

无机盐在人体正常的生命活动中也是不可或缺的，而激烈的体育运动训练会加速无机盐的代谢消耗，从而影响机体的正常运转。所以，及时补充无机盐也极为关键，如图 3-2-3 所示。

无机盐的补充

硒（Se）：硒是机体内谷胱甘肽过氧化物酶的辅助因子，由于具有消除过氧化物，增强维生素 E 的抗氧化能力等作用，因此它与运动关系密切。网球运动训练中，建议运动员硒的摄入量应为平时的 4 倍，每天约 200 微克。

钙（Ca）：运动过程中，机体大量出汗会丢失大量的钙。因此，对于运动人群来讲及时补充钙离子，有助于运动能力的保持和加快钙离子的恢复速度。

锌（Zn^{2+}）：运动训练可以明显影响锌的代谢，引起机体锌的重新分布。可见，锌与运动能力之间的关系非常密切，它是多种酶的组成成分和激活剂，能调节体内各种代谢，并影响睾酮的产生和运输；可饮用含锌饮料来补充锌，以避免运动能力的下降。

钾（K^{+}）：口服钾可迅速恢复生长素水平和促胰岛素生长因子的水平。

铁（Fe^{2+}，Fe^{3+}）：运动训练对红细胞有破坏作用。红细胞的代谢加快说明运动机体对铁的需要量有所增加。在网球运动中，运动员对铁的需要量较高。

图 3-2-3

（六）水的补充

1. 补水方法

在人类几乎所有的食物中都有水分的存在，一般的食物能够提供大约 900 毫升的水分。而人体每日水分摄入要通过饮水来实现，正常成人每日水摄入量不得少于 2500 毫升。而机体代谢所需要的水分显然不可能完全从食物中获取，还需要从日常的饮水中获取，每个成人每天通常需要 6~8 杯水，即 1300~1500 毫升的水来维持正常的生命活动。

对于运动员而言，补水通常与补充电解质同步进行。在补充体能水分的同时增加电解质可以降低运动疲劳，提高运动能力。因此，在网球运动训练中，运动员应科学补液，具体方法如图 3-2-4 所示。

网球运动员补液方法

运动前补液：饮用的水以凉开水为最佳，一般在运动训练开始前 30 分钟饮水为宜。如果补充运动饮料（运动饮料中可含有一定量的电解质和糖），补充的量应根据具体情况而定，如在运动前 2 小时可以饮用 400~600 毫升的含电解质和糖的运动饮料。每次可摄入饮料 100~200 毫升。

运动中补液：运动者运动过程中出汗量大，为预防脱水的发生，有必要在运动中补液。运动中补液应采取少量多次的方法，可每隔 15~20 分钟，补充含糖和电解质的运动饮料 150~300 毫升。注意补液的总量不超过 800 毫升 / 小时。

运动后补液：也称复水。运动后的补液切忌暴饮，补充的液体以含有糖和电解质的运动饮料为宜。运动后的体液恢复以摄取含糖和电解质饮料效果最佳，饮料的糖含量可为 5% ~10%，钠盐含量为 30~40 毫摩尔 / 升。

图 3-2-4

2. 补水原则

网球运动训练中，运动员会排出大量汗液，导致水分大量流失，因而合理及时的补水极其重要。合理的补水应该遵循的原则如图 3-2-5 所示。

合理的补水原则

补大于失原则：为了在运动训练中能保持最大的运动能力和最迅速地恢复体力，补液的总量一定要大于失水的总量，尤其是钠的补充量一定要大于丢失的量。

少量多次原则：避免一次性大量补液，以免对胃肠道和心血管系统造成更加严重的负担。

预防性原则：运动训练前，提前补水，避免脱水的发生，防止运动能力下降。

图 3-2-5

第三节　网球运动训练中常见伤病及防治

一、网球运动训练常见损伤处理

（一）骨折

在运动训练过程中，一些意外会使得身体某些部位遭到直接或间接的外力撞击而容易产生骨折。常见的骨折主要有手指骨折、尺桡骨骨折、小腿骨折等。其损伤的征象和处理方法如图 3–3–1 所示。

骨折的损伤征象及处理

- 损伤征象：骨折会伴随明显的疼痛感，患处现肿胀，肢体正常的功能丧失。严重时，还会伴有出血、神经损伤，甚至出现发烧和突发性休克等现象。
- 损伤处理：发生骨折后，应采用夹板或其他代用品固定伤肢，而不要随意移动受伤肢体；当出现休克现象时，应对患者进行人工呼吸。而对于伤口出血的患者，应及时采取止血措施，并送往医院进行治疗。

图 3–3–1

（二）胫骨痛

胫骨痛，又称胫腓骨疲劳性骨膜炎。在休闲网球运动训练中，这种疾病较为常见。胫骨痛常常表现为骨膜松弛，骨膜下出血，并产生肿胀、疼痛等炎症反应。其损伤征象与损伤处理如图 3–3–2 所示。

胫骨痛的损伤征象及处理

- 损伤征象：胫骨痛常常表现为骨膜松弛，骨膜下出血，并产生肿胀、疼痛等炎症反应。
- 损伤处理：当胫骨痛发生后，要注意减少足尖跑和跳的运动量，不要加重下肢的负担，并进行少量的运动来促进慢慢恢复；胫骨痛较轻时，可以采用局部按摩的方法，促进恢复；严重者应立即就医。

图 3–3–2

（三）网球肘

网球肘，俗称肘关节痛，也称肱骨上髁炎，是网球运动最常见的损伤。

在网球运动中，错误的挥拍动作会导致肘关节损伤。在击球过程中，由于手掌向上、后完全手腕的动作使肘部的肌肉和肌腱红肿发炎，反手救球，发球扭转手腕并旋转等，都会导致网球肘。其损伤征象及处理方法如图 3–3–3 所示。

网球肘的损伤征象及处理

损伤征象：肘部肌肉和肌腱肿胀、发炎，严重者可导致肌肉和韧带撕裂。

损伤处理：如果在训练中突然出现肘关节痛，应立刻停止训练；病情较重者，可在现场冷敷 20 分钟，并用保护带包扎，停止打球训练 1~2 周，痛症消失后再逐渐恢复训练。

图 3–3–3

（四）撕裂伤

在紧张而激烈的运动过程中，由于突然强烈的撞击会使得皮肤或皮下组织出现规则或不规则的裂口，并伴随着不同程度的出血和污染，即为撕裂伤。这种损伤的征象及处理方法如图 3–3–4 所示。

撕裂伤的损伤征象及处理

损伤征象：开放伤顿时出血，周围肿胀。闭合伤触及时有凹陷感和剧烈疼痛。

损伤处理：针对轻度开放的撕裂伤，用红药水涂抹伤口即可。轻者可先用碘酒或酒精消毒，然后用云南白药或其他药物和方法止血，再用消毒纱布覆盖，并适当加压包扎。如果不能制止出血，应尽可能在靠近伤口处缚以止血带，立即送医院治疗；针对伤口较大、较深、污染较严重的撕裂伤，应及时送医院进行清创缝合手术，口服或注射抗菌素药物预防感染，并按常规注射破伤风抗霉素。

图 3–3–4

（五）扭伤

在运动过程中，接关节发生异常扭转时会引起关节囊、关节周围韧带和关节附近的其他组织结构损伤。其损伤征象及处理方法如图 3–3–5 所示。

扭伤的损伤征象及处理

损伤征象：扭伤会导致关节活动受限和疼痛，关节及周围出现疼痛、肿胀，有明显的压痛感觉，关节活动障碍。

损伤处理

肩关节扭伤后，出现韧带断裂时，应即可送医院手术缝合和固定处理。当肩关节肿胀和疼痛减轻后，可适当进行功能性锻炼，但不宜过早活动，以防转入慢性病症。而如果判断是单纯的韧带扭伤，可采用冷敷和加压包扎。24 小时后可采用按摩、理疗和针灸治疗。

腰部扭伤后，要立即停止运动。若出现剧烈疼痛，应送医院诊治。24 小时后，可采用热敷和外敷伤药，也可进行按摩。

指关节扭伤后，轻度扭伤可冷敷或轻度拔伸牵引，轻捏数次，然后用粘膏或者胶布将受伤指与靠近的健指相固定，第三天开始练习主动屈伸活动，外擦舒活酒或红花油。如关节脱位，需要立刻到医院就诊复位。

踝关节扭伤后，要立即用拇指压迫痛点，同时进行踝关节强迫内翻与前抽屉试验检查，从而了解韧带是否发生断裂。较轻的或少部分断裂的韧带损伤可以用粘带支持固定，并以弹力绷带包扎。如果判断是韧带断裂，最好用海绵垫或者较大的棉花垫做压迫包扎。包扎时，应该与受伤时的位置相反，如果踝内翻损伤者，则应该在外翻位置包扎固定，之后送医院进行进一步诊治。

膝关节扭伤后，首先应该仔细检查，了解受伤的确切部位与受伤的程度。膝关节侧向运动试验、抽屉试验、麦氏试验，分别可以检查膝关节内、外侧副韧带，前、后十字韧带以及内、外侧半月板的受伤状况。发生膝关节急性损伤后，应该立即以氯乙烷镇痛喷雾剂等进行冷敷。

图 3-3-5

（六）拉伤

在运动训练或比赛过程中，肌肉在外力作用下出现过度主动收缩或被动拉长的情况时极容易出现损伤，这种损伤就是肌肉拉伤。肌肉拉伤的出现可能是源于不充分的准备活动，不协调的运动动作，不得当的训练方法等。损伤征象及处理如图 3-3-6 所示。

拉伤的损伤征象及处理

损伤征象：出现肌肉拉伤后，受伤部位会出现压痛、肿胀、肌肉痉挛等症状，在诊断时可以摸到硬块。肌肉断裂是比较严重的一种拉伤，需要进行及时的治疗和处理。

损伤处理：肌肉拉伤较轻时，可以立即冷敷，并进行局部加压包扎，抬高患肢，24 小时候便可进行按摩或理疗；肌肉拉伤严重时，应立即送往医院进行医治。

图 3-3-6

（七）擦伤

当机体不小心与粗糙的物体表面相互产生摩擦时，极容易损害皮肤的表层组织，表现为表皮剥落，并伴随小的出血点和组织液的渗出现象就是擦伤。

网球运动中，擦伤较为多发的位置是握拍手，通常是由于球拍的握柄较粗、胶皮较硬、活动时间较长、击球时球拍没有握紧，经常打不到球使拍把柄转动增加与手掌的摩擦而产生的。另外，球拍质量差、握柄不合格也容易导致运动员在握拍时不舒服和容易手掌擦伤或起水泡。

一般来说，网球运动员应提高臂力和握力，掌握击球技术，提高在击球瞬间紧握球拍准确击中来球的能力。同时，合理选择球拍，球拍把柄粗细应适合运动员的手掌大小；用护手胶将网球拍柄缠一下，改善握拍手感，即可有效预防擦伤。擦伤的损伤征象及处理方法如图 3-3-7 所示。

- 擦伤的损伤征象及处理
  - 损伤征象：擦伤的症状主要表现为表皮剥脱，并伴有小出血点和组织液渗出。
  - 损伤处理
    - 轻微擦伤可以用生理盐水、红药水、紫药水涂抹受伤部位即可，不需要包扎，一周左右即可痊愈。若出现面部擦伤时，可以涂抹0.1%浓度的新洁尔溶液。
    - 当擦伤在关节周围出现时，在清洗、消毒后，可以用青霉素软膏或磺胺软膏等进行涂敷，否则会影响关节活动。
    - 伤口较大时，容易受到感染，应用酒精或碘酒对伤口周围进行消毒，如果受伤部位嵌入沙粒、碎石、碳渣等时，可以先用生理盐水和棉球轻轻刷洗，将异物清除，消毒完成后，再撒上纯三七粉或云南白药，用凡士林纱布进行适当包扎；如果没有发生感染，两周左右即可痊愈。

图 3-3-7

二、网球运动训练常见疾病防治

（一）过度疲劳

运动者长期训练不当或健身期间连续累积，就极其容易出现过度疲劳。这种病会导致机体出现功能紊乱或病理状态。

1. 病症

过度疲劳严重者会诱发心血管等突发性疾病；轻者则表现为食欲不振、恶心、呕吐，参与网球运动训练的积极性不高，情绪不佳，焦虑等症状。

2. 预防

（1）注意劳逸结合，运动训练好休息要安排适当，不可走极端。

（2）运动训练要循序渐进，持之以恒。

（3）训练前体检。对于出现过度疲劳的训练者，应积极到医院进行全面检查。

（4）运动期间的饮食要营养均衡，以保证运动时体力消耗的补充，应当注意食物营养的丰富性，同时还要易消化，不会给胃肠带来负担，以避免运动的负荷。注意科学补水。

3. 治疗

针对过度疲劳的治疗方法如图 3–3–8 所示。

疲劳的治疗方法

- 及时调整训练内容和健身方法，减少运动量，注意休息和睡眠；患者通常在 2~3 周以后即可恢复正常。
- 针对中、后期病情进一步发展的过度疲劳，必要时应停止健身，调整生活制度并加强营养；同时根据病情进行药物治疗（服维生素 C、葡萄糖或人参、三七等），也可进行适当的康复性医疗体育活动（气功、温水浴、按摩等）。
- 重者可在 2~3 个月恢复正常。

图 3–3–8

（二）过度紧张

在网球训练过程中，如果运动员的运动负荷过大或动作过于剧烈而超过了自身的运动负担，会产生过度紧张这种急性病理现象。

1. 病症

（1）昏厥：昏倒片刻后，由于脑贫血消除，病人意识很快恢复。但也有经 3~4 小时才恢复的。清醒后，病人精神不佳，仍有头痛、头晕、全身无力，也可能有恶心、呕吐、逆行性健忘的症状。

（2）急性胃肠功能紊乱及训练应激性溃疡：恶心、呕吐、头痛及头晕、面色苍白、呈衰弱状态，呕吐物为食物、黏液及水。训练后 8~10 小时发生呕吐。

（3）急性心脏功能不全和心肌损伤：头晕、眼花、步态不稳、恶心、呕吐、咳嗽、胸痛甚至意识丧失。检查时可见脉快而弱，或节律不齐、血压降低等。

2. 预防和治疗

过度紧张作为一种生理性的病症，有着一定的预防和治疗措施，具体如图 3–3–9 所示。

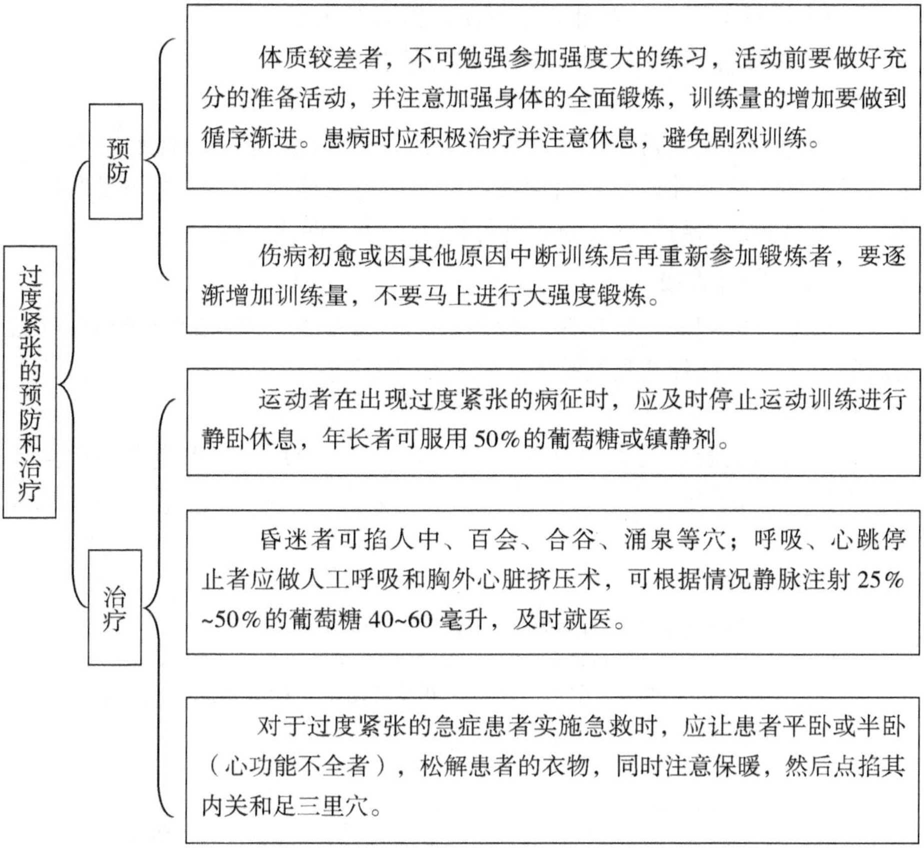

图 3-3-9

（三）肌肉痉挛

肌肉痉挛就是我们日常生活中所说的“抽筋”，症状上表现为肌肉不自主地强直收缩。在长跑、足球、游泳、举重等运动强度大、时间长的运动中比较常见，发生部位多为人体的腓肠肌、足底的屈拇肌和屈趾肌。引发机制为：在运动中肌肉受到外部的冷刺激，或随着运动强度的增大，排汗量的增加使得体内的电解质失衡，进一步使得肌肉的收缩和舒张失调。

1. 病症

发病速度快，局部发生不自主的肌肉强直收缩、僵硬，使人产生疼痛难忍的感受，且一时间不易得到缓解，出现运动障碍。

2. 预防

（1）训练前做好准备活动，对容易发生痉挛的肌肉做适当按摩。

（2）科学地降低体重和控制体重。

（3）注意保暖，注意补充电解质，摄取维生素。

（4）加强身体锻炼，提高机体的耐寒能力和耐久力。

3. 治疗

牵引痉挛的肌肉常可使之缓解。例如，足底部屈肌、屈趾肌痉挛，可用力使足和足趾背伸；小腿后面群肌痉挛可伸直膝关节，用力将足背伸。此外，还可配合局部按摩，采用各种按摩手法，促使缓解。

（四）肌肉酸痛

肌肉酸痛的现象不会出现于运动训练的过程中，而出现于运动训练结束后的1~2天，这种现象被称为延迟性肌肉疼痛。

1. 病症

轻者肌肉僵硬、酸痛和自觉酸痛部位肿胀，有压痛；严重者肌肉全部发生疼痛，且以肌腹为主，24~48小时之内，酸痛达到高峰，之后可自行缓解，5~7天消失。

2. 预防及治疗

针对肌肉酸痛的预防和治疗方法如图3-3-10所示。

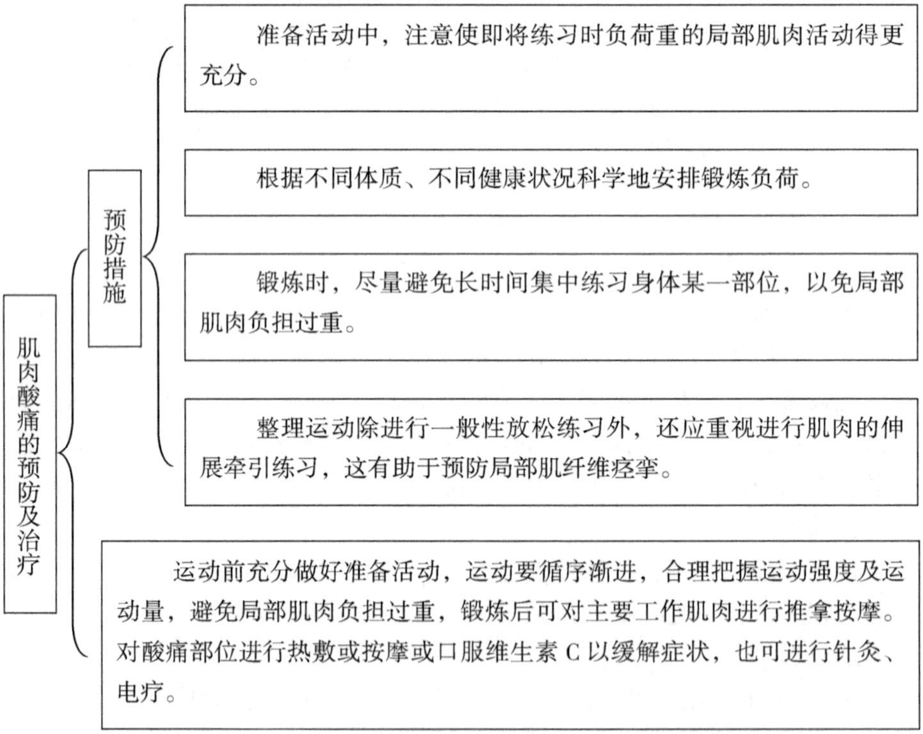

图3-3-10

（五）运动性低血糖

空腹时血糖浓度低于 50 毫克 / 分升的症状，即为低血糖。在网球运动这种持续时间长、运动强度大、对耐力要求高的运动中，常常出现运动性低血糖的现象。因为在大量的高强度运动后血液中的糖分含量降低，运动前运动员没有进行能量的补充，肝糖原储备不足，不能及时补充血糖的消耗最终出现运动性的低血糖。

此外，这种症状还可能是因为交感神经活动增强和反应性肾上腺素释放过多，及中枢神经功能障碍导致的。

1. 病症

因运动而导致的低血糖会出现倦怠（进食前特别明显），心烦易怒，面色苍白、多汗或冷汗，身冷，心跳快速，呼吸浅促，眩晕，头痛，视力模糊，迅速或强烈的饥饿感、焦虑、定向障碍（如返身跑）、步态不稳、出现幻觉、狂躁、精神失常，最后意识丧失、昏迷等症状。部分患者诱发脑血管意外、心律失常及心肌梗塞。

2. 预防和治疗

针对运动性低血糖的预防和治疗方法如图 3-3-11 所示。

运动性低血糖的预防和治疗

- 预防
  - 进行运动量大的运动时，应准备一些含糖的饮料，供途中饮用。
  - 平时缺乏锻炼者，或患病未愈及空腹饥饿时，不要参加长时间的激烈运动。
- 治疗
  - 症状较轻，应使病者平卧、保暖。神志清醒者可饮浓糖水或吃少量食品，一般短时间内即可恢复。不能口服者，可静脉注射 50 %葡萄糖 40~100 毫升。
  - 昏迷不醒者，可针刺人中、百会、涌泉、合谷等穴，并迅速请医生前来处理。

图 3-3-11

第四章 网球运动教学理论

网球运动的教学对运动员成绩的影响是非常大的，在一定程度上讲很可能会起到决定性的作用，一个良好的教学环境与教学理念对于网球运动员来讲具有非常大的意义。本章就网球运动教学中的一些基本理论进行阐述，主要包括网球教学的要求、原则、方法，以及教学文件的制定等内容，以期为网球运动的发展奠定良好的理论与实践基础。

第一节 网球运动的教学阶段与教学要求

网球理论教学、网球运动技战术的教学和网球运动教学文件的制定是网球运动教学的主要内容，而学习和熟练掌握技术动作、基本战术和基本的教学方法则是网球运动教学的主要任务。

通过学习网球这一运动专业的理论和技能，学生一方面掌握了网球这一专业运动技能，一方面发展了自己的运动能力和身体素质。而随着学生学习兴趣的不断提高，也会激发其进行自觉锻炼的积极性，无形中使得自身体质得到增强。虽然网球运动本身就具有很强的趣味性，但在具体的教学过程中还需要教师根据学生自身的具体情况，结合教学原则，灵活运用各种教学方法以更好地实现教学目的。以运动技能的形成规律和网球运动的特点为依据，可以对网球技术进行以下三个阶段的划分。

一、技术动作粗略掌握阶段

在学生开始对各种网球技术进行学习之前，首先要经历的是对球性进行熟悉的训练。这一教学阶段，主要是教师进行示范和讲解，从而使学生对所学技术有一个初步印象，并可以进行进一步模仿练习，从而对运动动作有一个粗略的掌握，对肌肉的感觉有一个初步体会。

在这一阶段的学习过程中，学生的学习特点主要表现为以下几点。

① 动作紧张、费力、不协调；

② 缺乏对球的弹跳高度及落点的准确判断；
③ 在球拍的使用上表现为引拍不够及时和充分；
④ 动作还不规范，常常出现多余的动作。
针对学生这一阶段的学习特点，教师应做到以下几点。
① 以正确的示范和简练的讲解，初步建立动作概念；
② 注意精讲多练，抓住动作要点；
③ 给足够的空间和实践让学生对具体动作有一个较好的体会。

二、技术动作纠错、改进阶段

在这一阶段的教学中，提高学生动作的准确性、协调性和实效性并进一步对其动作进行改进是主要目标。

通过一段时间的反复练习后，这一阶段的学生一般存在着以下运动状态。

① 对网球运动进一步熟悉，最初运动中的一些紧张情绪开始消除；

② 经过一段时间的学习和练习，学生在动作的质量及回球的成功率上都有明显的提高；

③ 动作还不够熟练，没有进一步形成自动化。

针对学生对网球运动的这一掌握状况，教师应在具体的教学活动中做到以下几点。

① 教师要对运动动作进行详细的讲解和示范，帮助学生对正确的技术有更深入的理解，让其对动作的细节进行亲身体会，从而使其动作日趋合理；

② 通过对学生的练习动作进行观察，及时发现其错误并及时纠正。

③ 注意因材施教，有些学生可能有网球运动的基础，而有些学生则是初次接触这一运动，教师应以学生的不同情况为依据进行针对性的指导。

三、技术动作自动化阶段

在这一阶段，学生经过一段时间的学习和练习在动作上已经基本定型，能够比较轻松和准确地完成动作。针对这一阶段学生的学习状态和进程，教师应逐渐使学生的动作自动化，以轻松、自如、熟练和省力为目标，采用多样化的练习手段，以分组进行比赛的方式来调动学生进行练习的积极性，增强学生的兴趣。

总之，以上三个学习阶段是初学者从不会打球到熟练击球都要经历的。

当然我们还应注意到这三个阶段不是孤立的、截然分开的，而是一个有机联系的完整过程。而学生的状况也是不同的，有着不同的身体素质、心理素质及学习态度，并且在不同的阶段所需要的学习时间也存在着差异。这就要求教师在组织教学的过程中应根据学生的特点，采取适当的教学方法，从而提高学生的网球运动技能水平，更好地完成网球的教学任务。

第二节　网球运动的教学原则

在多年的教学积累和研究过程中，网球教学原则被总结出来，这一原则反映了网球教学的客观规律，是网球教学工作必须遵循的基本要求。为了更好地完成教学任务，提高教学质量，教师在教学实践活动中，应正确地遵循体育教学的原则。

根据网球的教学任务和教学过程的客观规律，结合长期的教学需要，网球教学原则有以下几种。

一、自觉积极性原则

在网球运动的教学活动中，要想使学生充满学习的强烈愿望，就应该遵循积极性原则。具体来讲应注意以下几点。

（一）了解和把握学生心理活动的规律

在任何教学活动中教师都应该对学生的心理活动规律有所了解和把握，在网球运动教学中也是如此，只有这样才能够对教学过程中学生出现的不良心理和由此引起的具体问题有针对性地进行解决。常见的心理问题如图 4-2-1 所示。

心理问题

- 冒进：在刚学会打网球时，很多学生容易出现不注意动作质量的冒进心理。
- 悲观：遇到困难无法完成任务时又有些悲观失望。
- 焦虑：纠正错误、改进动作效果不明显时，易产生焦虑的心理。

图 4-2-1

教学实践活动中，教师不仅要看到学生各种不良的心理现象，还应熟知这种心理产生的原因和内在机制，在对学生有一个深入全面的了解后，根据学生的具体情况“对症下药”，因材施教。

（二）培养学生的兴趣

自古以来，兴趣就是学习的最好的老师，它会引导着学生不断去探索，去自发学习。而在网球运动教学的各个阶段，教师也要把握好这一原则，激发学生进行学习的兴趣，对学生的学习活动提出切合实际的要求，给予学生充分的时间和足够的机会让其去实践，去体会，去发现自己的进步。

在课程活动的组织上讲求多样化，动静交替，穿插进行不同身体部位的动作练习，而比赛、游戏的方法可以使学生之间有一个很好的学习互动，使课程充满活力，使网球运动教学成为一个生动、活泼的过程。

（三）明确学习目的

学习目的的教育对于网球运动教学来说是必不可少的，一般在教学一开始就应当使学生认识到网球运动在健身和竞赛等方面的意义，从而增强学生进行网球运动学习的积极性和自觉性。具体到每节课，教师都应当使学生对本节课的内容、任务和要求有一个清晰的理解，进而进行有目的的学习。

二、循序渐进原则

循序渐进原则讲求在教学内容的安排上应当由简到繁、由易到难、由未知到已知，逐步深化，具体来讲，在网球运动教学中运用循序渐进原则，应注意以下几点。

（一）制定好教学文件

为保证网球运动教学工作系统、有序地进行，在进行网球运动教学时应注意制定切实可行的、完整的教学文件。具体来讲，教学文件主要包括课程教学大纲、学期教学进度、课时计划（教案）等。

教师应认真地研究教材，了解其系统性，进而很好地把握各教材之间的关系，以逐步提高教学质量。

（二）安排好教学内容和组织教法

为了学生能够很好地接受和掌握运动技巧，教师在安排教学内容和组织教法时，应由简到繁、由易到难、由浅入深、循序渐进、逐步提高。

（三）逐步提高运动负荷

小到一次课的运动负荷，大到一个季节或一个学期的运动负荷，在安排时都应从小到大，逐步上升，并保持在一定的水平上，然后逐步下降。这样做一方面可以提高学生的运动能力和增强学生的体质，另一方面还有利于提高和巩固学生的运动技能。

三、因材施教原则

在中国的教学史上，因材施教原则始终占据一席之地。因材施教的教学原则要求教师既要面向全体学生提出统一要求，又要根据不同学生的个体差异区别对待，将集体教学和个别指导相结合，使每个学生都能够充分发展自身的才能。在教学中运用因材施教原则，具体应注意以下几点。

（一）了解学生的一般情况和个体特点

在教学活动的起初，教师应对学生的情况有一个全面的把握，以便选择有效的教学方法，具体来讲，教师应通过各种方法途径来切实掌握学生的思想素质、意志品质、组织纪律、接受能力、身体状况、网球基础等情况。教师对学生基本情况的了解要有粗有细，力求全面，具体来讲就是既要对班级的一般情况有所了解，又要对学生的个体特点有所了解，以便采取针对性的措施展开教学。在网球教学开始时，为了解学生的网球技术基础，一般可实行一次摸底测验。

（二）一般要求和个别对待相结合

一般要求从理论上应该以网球教学大纲为依据，还要符合学生的年龄、性别、基础和身体发展水平，是学生经过努力后能够达到的。

由于学生个体在身心发展方面的差异，在学习过程中会出现不同的状况，如有的学生感觉太简单，而有的学生则感觉有些吃力。一般要求的提出表明教师应注意全体学生运动技能、身体素质等的提高。而另一方面还要注意兼顾两头，个别对待。

四、巩固提高原则

在教学中要想使对所学的知识、技术和技能等能够牢固的掌握，应当遵循巩固提高原则，从而使学生在运动技能上能够逐步提高和完善，建立正确的动作定型，并不断发展身体素质，达到增强体质的目的。在网球运动教学中运用巩固提高原则，应做到如图 4-2-2 所示的几点。

巩固提高原则	
	集中安排网球课：网球课最好相对集中，每周安排 2~3 次课，以利于运动技能的巩固，避免因课与课间隔太久而发生运动技能的消退。
	改变练习条件，提高练习难度：在网球运动教学中，在巩固提高所学知识、技术和技能上，改变练习条件可以起到很好的作用。改变练习条件，不仅可以检查学生掌握技能的熟练程度，使学生的运动技能得到进一步的发展，还可以丰富教学手段，提高学生对学习的新鲜感。例如，在学习了反手击球和反手削球后，可以进行正手击球—反手击球—正手击球—反手削球的跑动练习，或者是在双方对打几个回合后，一方在打出落地深的回球后，随球上网截击。
	反复练习，逐步提高：任何优秀的技能都离不开反复的练习，俗语说熟能生巧。在教学中，在学生初步掌握动作后，就要组织学生进行反复、经常的练习，使动作从量变到质变，逐步形成正确的动作定型。当然，还应注意到反复练习不是简单地重复，而是要不断提出新的、更高的要求，并经常进行技术评定，使学生看到自己的进步，激发学生学习的自觉积极性，促进运动技能的巩固与提高。

图 4–2–2

第三节　网球运动教学的组织与实施

一、网球运动教学的分组

（一）协作分组

协作分组就是在一个教学组里，有计划、有目的地编入不同性别、不同技术水平的学生，直白点说就是将技术好的学生和技术基础差的学生混编在一起。在初学阶段及人数较多的班级中，应用这种强弱搭配的分组法可以使技术基础较好者起到骨干作用，协助教师对初学者进行技术帮助，可以取得很好的教学效果。这种分组方式使得学生之间可以开展很好的互教互学，对教师而言利于其对全班的情况进行照顾，对教学进行统一组织，从而达到教学的一般要求。

而这种教学方法的缺点在于会挫伤一些技术水平较高的学生的积极性，由此，教师还应安排一定的时间对其进行针对性的辅导，使其在原有的基础上有所提高，以更好地发挥教学骨干的作用。

（二）按技术水平分组

这种以技术水平为标准进行的小组划分就是以学生的技术水平的高低为参照，将全班学生编入不同的小组里，使同一组中的学生在技术水平上比较一致。

上述两种分组方法各有所长，又各有所短，在具体使用上要根据学生不同阶段的具体情况穿插使用，如在初学阶段可以采用协作分组，到了巩固和完善动作阶段则可以重新按技术水平分组。

按性别分组是除以上两种分组方法以外的又一种，而对年龄差距较大的学生群体还可以以年龄为依据进行小组划分。

二、网球运动的教学顺序

（一）熟悉球性

网球学习者在最初学习时必不可少的一步就是熟悉球性，因为一个好的回击离不开对球飞向哪、落点在哪、弹跳有多高进行判断，这一点对刚刚接触学习网球运动的学生至关重要，只有学好、参透了这一点才能顺利进入下一阶段的学习，否则会适得其反。

（二）步法移动

从某种角度来说，步法移动对任何体育活动都极其重要，对网球也不例外，可以说它是打好网球的保障。打网球时，步法不到位，身体离球太近就没有挥拍击球的空间，身体离球太远又会造成伸着胳膊接球的状况。由此，在教学过程中，教师应对学生的步法教授进行严格的要求，为以后稳定地击球打下坚实的基础。

（三）正手击球

正手击球可以说是打网球的基础，正手攻击有着较强的力量和较大的范围，并且准确率也更高，相对反手击球更容易主动得分，因而网球选手的正手一般都要比反手强。而初学者在练习时从正手开始会有比较明显的进步，在能打几个来回球后会产生很大的成就感，学习的积极性可被充分调动起来，有利于下一阶段教学的开展。

（四）反手击球

学习者在学习完正手击球后，一般就要进入反手击球的学习。一个优秀的网球选手，其优秀之处体现在既要有一个强劲的正手击球，还应有一个出色的反手击球，不仅能够用反手击球将球平稳地打回去，还应当以其作为得分的直接手段。

（五）发球

任何网球比赛都要以发球作为开始，作为赢得一场比赛的重要保证，强有力的发球也是一项重要的网球技术。发球方若发出 Ace 球或发球直接得分的话，不仅可比较轻易地保住自己的发球局，而且对于建立信心、摧垮对手的意志也有很大的作用。

（六）截击球

在网球运动技能中，截击球是一项重要的得分技能，尤其适用于比赛中的一方比较被动而另一方又很主动时，当主动的一方能够积极上网时，可以利用截击直接得分，也可迫使对方失误而造成失分，从而避免底线的拉锯战，节省体力。

（七）高级击球

完善的网球技术中还包括高级击球技术，如打反弹球、高压球、挑高球或放小球的技巧。在高水平的比赛中，这些技巧必不可少。

（八）教学比赛

网球的各项基本技术学习完了后，可以组织学生参加比赛，通过比赛可以增加学生学习网球的积极性，体会网球运动带给他们的快乐。

三、网球运动教学进度的安排

（一）单一教学

单一教学，指在一定的教学时间内只教授一种技术，待学生熟悉掌握这一技术之后再进行新技术的教授直到其熟悉和掌握，进而再转入新技术的教授学习阶段，如此进行直至学生全部掌握，这是一种“集中力量打歼灭战”的教学方法，这种方法有以下优点。

① 因为在一段时间内只进行一种技术的教学，因而有着明确的教学任务，同时课堂上的教学重点也非常突出；对每项技术动作都能够进行全面而详细的分解教学。

② 对于比较关键和有一定难度的技术环节可以集中时间和精力进行突破，直至最终掌握。

③ 这种教学方式因为学习较为集中，学生在掌握速度上较快。

其缺点在于以下几点。

① 单一的教学要求一段时间内学生只接触一种技术技能，对学生而言存在着内容单调枯燥的感受，尤其是学习速度快，领悟力强的学生，容易厌烦。

② 因为集中时间进行一种技能的学习和练习，很容易使学生的身体局部负担过大，产生疲劳感。

针对以上缺点，在课时安排较少的学校中，可以在教学活动中增加游戏，或变换练习方法，做到动静交替，使学生对课堂教学充满兴趣。

（二）综合教学

综合教学亦称为“平行连贯教学”，与单一教学相反，这种教学方法会在一定的教学时间内将多种技术向学生进行连续地、循环地教授，是一种“全面接触、循环往复”的方法。

具体来讲，这种教学就是让学生在初步接触了一种技术或动作后，立即转入另一种技术或动作的学习，将各种技术动作进行一轮一轮的循环式教学，直到学生对所有的技术动作有一个全面的熟悉掌握。

这种教学具有以下特点。

① 教学内容更新快，练习形式丰富，学生的学习积极性高。

② 学生能够在开始学习不久，全面地接触各项技术，在较短的时间内接触到各种技术，并有一定的掌握。

③ 课程在内容的安排上有着较大的密度和强度，教师一般在技术和教学上的能力也比较高，教学活动的组织极为严密。

综合教学安排适用于课时较多的学校，以在一段时间内完成多轮教学。

第四节　网球运动的教学方法

一、直观法

在教学中，借助视觉、听觉、肌肉本体感觉等器官来感知动作的方法称为直观法。现代网球教学中的动作示范、教具和模型(挂图、照片)、电影、录像、多媒体等都是常用的直观方法。

（一）动作示范

在网球运动教学过程中，教师正确的动作示范能够使学生真切地感知动作的形象、结构、要领和方法，帮助学生建立整体的动作概念，是一种最基本的网球运动教学手段。

1. 队形组织与示范位置

进行动作示范时，为了让学生有一个清晰全面的视角，首先在学生位置安排上应避免学生面对强光，其次教师的示范位置一般以距排面 2~3 米，应使每一个学生都能看清动作。距离太近或太远都会影响示范的效果。

2. 示范面与示范速度

网球教学的示范面要根据教师的教学意图和所教动作的结构进行选择，一般来说主要有正面、侧面和背面，使学生看清楚主要的技术环节是其关键所在。在示范的速度上要保证学生能够看清楚，通常以中速为宜，必要时可以选择慢速进行示范。

3. 示范与观察的重点

在网球教学过程中，具体的示范动作要做到主次分明、重点突出。在每次示范前都应以教学任务和内容为依据，点明学生进行观察的任务和重点，对观察示范动作提出明确的要求。在进行完整的示范后，教师可以进行分解动作示范或重点动作示范。不能在一次示范中要求学生什么都看，最后什么都没记住。

4. 正误对比示范

在进行新动作的学习时，为了预防错误的发生，教师可以在进行正确的技术示范后，对常见的或典型的错误动作进行一下形象的模拟，使学生通过鲜明的对比，对正确技术和错误动作有更明确的认识。此外，这种模拟同样适用于纠正学生的错误动作时。

（二）电影、录像、多媒体教学

在现代化的教学手段中，电影、录像、多媒体教学是一种生动、形象和富有真实感的教学方法。这种方法的灵活运用能够引起学生极大的学习兴趣，对学生明确技术进程方面极其有益。在教学过程中，为了对某一重要动作进行深入分解和剖析，还可以根据需要放慢动作甚至定格。

二、语言讲解法

在任何学科的教学中，语言讲解都占据着重要地位，在网球运动教学中教师通过语言传达理论和动作要领，通过运用各种形式的语言指导学生掌握学习内容、进行练习，它一种重要的教学手段。教师可以通过语言来启发学生进行积极思维，加强学生对网球技术动作方法与要领的理解，从而使学生加速对网球基本理论、技术、技能的掌握。

（一）运用语言的形式

在网球运动教学中，运用语言的形式有讲解、口令指导、口头评定成绩以及“默念”和“自我暗示”等，具体如图 4-4-1 所示。

运用语言的形式

- 讲解：讲解是指教师用语言向学生说明教学任务、动作名称、作用、要领、做法及要求，以指导学生掌握网球技术、技能。
- 口令指导：口令指导是指用简洁的语言，以命令的形式来进行的一种教学形式。
- 口头评定成绩：口头评定成绩是指在网球教学过程中，教师按照一定的标准、要求，口头给学生进行一定评价的方法，如“好球”“很好”等。
- “默念”和“自我暗示”：默念是指在做动作前，默想整个动作或动作要领、发力和击球方向等。自我暗示是指在练习过程中，暗自默念技术动作的关键字句，如底线抽球的引拍、上步、击球等动作要领。

图 4-4-1

（二）讲解的科学性和艺术性

在网球运动教学中，教师课堂讲解是否具备一定的科学性和艺术性，对教学效果有很大的影响，因此成为评判其教学水平的一个重要标志。教师在教学过程中要不断总结经验，在语言表达上做到精益求精。

1. 简明扼要

为了便于学生的理解和记忆，对网球教学的讲解应力求简明扼要，抓住关键来反映动作的要点，以便于学生理解和记忆。

2. 与示范紧密结合

网球运动教学离不开教师的示范动作，教师的示范动作是对讲解的具体呈现，而讲解又可以使学生对动作的具体位置和原理等有一个清晰的理解，可以说在具体的教学活动中，讲解和示范相互补充、相辅相成。示范动作可以从视觉上对动作的外部形象有一个清晰的展示，而讲解则可以反映出技术动作具体的内在要求。而在教学过程中在正确的动作示范过程中配以生动形象的讲解，尤其是能够熟练运动网球术语，可以实现学生的直观感觉和理性思维的很好结合，从而取得很好的教学效果。

三、完整教学法与分解教学法

在具体实施教学时，一般有两种方法可采用，即分解教学和完整教学。

（一）完整教学

完整教学是从技术动作的开始到结束，不分部分和段落，完整地进行教学。这种教学方法因为能够对动作的完整性有一个很好的保持，因而其常用于以下学习中：

① 比较简单的动作，如准备姿势；

② 动作虽然比较复杂但难以进行分解的技术，如上手发球动作的完整动作。

（二）分解教学

在进行分解教学的过程中，教师一般会将一个完整的技术动作进行合理的拆分，按顺序依次进行教学，最后对各个技术动作进行合并，最终使学生对技术动作完整地掌握。

在采用这种教学方法进行教学的过程中，教师应当注意考虑到各个技术动作之间的有机联系，尽量减小动作划分对动作结构所产生的影响，对各部分动作之间的有机联系有一个全面的考虑。同时，还应使学生对所划分的部分在完整动作中的作用与位置有一个清晰的把握。

（三）完整教学与分解教学的综合运用

分解教学与完整教学不是绝对的，而是相对而言的，对于局部来说是完整，对于整体来说则是分解。具体采用哪种教学方法要以学习者的接受能力和动作的复杂程度为依据，具体问题具体分析。

从技术动作的难易程度上来看，复杂技术动作的教学上，分解法比完整法的教学效果好，而简单的技术动作教学，则最好采用完整法；从学生的基础和学习速度上来看，同样的技术动作，对基础好、学习能力强、学习速度快的学生来说则是简单技术，可以采用完整法来进行教学，而对于基础差、学习能力弱、学习速度慢的学生来说，是复杂技术，应当采用分解法进行教学。

在进行网球教学的过程中，应把分解教学与完整教学进行很好地结合，具体来讲有如图 4-4-2 所示的两种方法。

完整教学与分解教学的综合运用

- “分解、完整、再分解、再完整”练习法：在教学中，先进行分解练习，让学生初步体会分解动作的要领后，即转入完整练习；然后再进行分解练习，改进局部技术，最后再进行完整练习。通过几次循环，达到完整掌握动作技术的目的。
- “完整、分解、再完整”练习法：这是一种以完整教学为主导、把分解法和完整法很好地结合起来的教学方法。在教师示范、讲解后，应让学生完整地试练，建立初步完整的动作概念，然后再进行一定的分解练习，使学生初步掌握分解动作要领，接着再转入完整动作的练习。

图 4-4-2　完整教学与分解教学的综合运用

四、预防与纠正错误法

从某种角度来讲，学习的过程就是一个不断纠正错误的过程，在网球教学中学生出错现象是非常常见的，如发球时握拍手法不正确；挥拍时拍头下垂，与地面不平行等。如果不对这些错误进行及时纠正的话，错误动作就很容易定型，从而影响学生掌握和提高正确的网球技术、技能，严重的甚至会引起运动损伤。因此，在网球运动的教学过程中，教师必须采取积极有效的措施对学生所犯的错误进行预防和纠正，具体来讲如

图 4-4-3 所示。

预防和纠正错误

- 预防法：指教师在教学过程中所采用的有效防范错误动作的手段与方法。在教学中，教师应根据教材内容、特点，对学生可能产生的错误要预先提醒，或在教学手段上注意预防，对已发生或偶然产生的错误动作要及时指正，减少错误动作的发生。
- 纠正错误法：指针对学生个人出现的错误或班组集体存在的共性错误以及战术配合中形成的错误，教师有针对性地采用的纠错手段和方法。在教学过程中，常用的纠正错误动作的方法有降低难度法、矫枉过正法、正误对比法、限制教学法、附加条件法等。

图 4-4-3

五、游戏法

游戏法是指在规则允许的范围内，为使学生的创造性和主动性得以发挥而采用游戏的方式来组织学生进行学习，从而达到网球教材内容所规定的目标的方法。

六、比赛法

比赛法也称竞赛法，包括组织学生进行单打及双打比赛。比赛法的教学理念在于通过充分利用竞赛条件，达到检验教学效果和提高网球技术、战术、能力的目的。

第五节　网球运动教学文件的制订

在网球教学过程中，教师可以通过制订切实可行的教学文件来对教学工作进行全面考虑和安排，要充分发挥教师的主导作用，正确处理教材和课次之间的关系，加强教学的系统性。教学大纲、教案和课时计划为教学文件所要重点考虑的内容。

一、教学大纲

教学大纲既是教师开展工作的指南，也是相关的教研人员开展教材编写，对教学质量进行测量和评价的基本标准。

（一）教学大纲的结构

教学大纲一般包括以下几个组成部分。

1. 说明部分

作为教学大纲的重要组成部分，说明部分对于教学大纲起到的是一个指导性的作用，在说明部分中，教师应标明该课程需要完成的任务以及达成的最终目的，细分的内容应包含以下内容：教学的内容、教学进度的安排、教学内容选择以及在今后教学过程中应注意的问题等。

2. 基本部分

教学大纲的基本部分包括教学的内容及要点、授课时数，作业、考试、测验的要求和时数，参观和其他实践活动的要求和时数。

理论、实践、考核等部分都要占据一定的教学时数，以确保教学质量。一般而言，教学内容分为理论和实践两个部分。再往下进行细分，理论部分分成若干个专题，对每个专题进行内容纲要及学时上的规定，实践部分也应对各项时数和具体内容进行相应的规定。

此外，还应列出教学参考书目，提出使用各种教具和现代化教学技术的指导意见。

（二）制订教学大纲过程中应注意的问题

（1）根据网球运动的特点、本课程的任务和时数，确定具体的教材内容，突出基本知识、基本技术的教学和技能的培养。

（2）根据教学计划确定本门课程的要求，分析并明确提出本课程的教学目标、内容范围和教学任务。

（3）注意教材内容的科学性、系统性和先进性。

二、教案

教案是教师上课时的具体计划，一般是教师根据教学进度所编写的。教案中一般包括本次课的主要任务、要求、教学的内容和组织形式、教学的步骤和方法及组成这一课的各个部分，此外还应考虑到每一个练习所进行的组数、次数及所需要的时间等。

（一）编写教案的基本要求

教学的内容应与实际相符合，重点和难点有所突出，要有明确的课任务，具体的教学要求，严密的课程组织，科学多样的教学方法。此外，还应注意到学生有着适宜的运动量，不能过强或不足，要进行合理的场地布置，文字要简明扼要，易于理解。

（二）编写教案的方法、步骤

1. 以了解学生和钻研教材教法为基础

在进行教案编写之前，教师应做到努力钻研教材，深入了解学生，这样才能考虑教法，具体如图 4-5-1 所示。

钻研教材

钻研教材，明确教材的重点和难点，收集与本学科、本课有关的材料并加以精选和组织；研究教学大纲，明确本学科的教学目的及各章、节的教学目标，弄清教材体系及教材的范围和深度。

↓

了解学生

了解学生的知识、技术和技能基础、智力和体力的发展情况以及个性特点等。以此为基础，还应考虑学生学习新知识、新技术会有哪些困难、哪些问题，要采取哪些预防措施等。

↓

考虑教法

考虑教法主要涉及如何组织教材；如何组织教材；如何确定课的类型；如何安排每一节课的活动；如何运用各种方法开展教学活动；学生的学法，包括预习、课堂学习活动与课外作业等。

图 4-5-1

2. 确定课程任务

在备课过程中，首先应考虑的一点就是确定课程的任务，这也是确定教学要求、课程组织教法和运动负荷的依据。

课程任务应力求做到具体、全面、正确。

（1）具体，是指课程所要完成的任务应当是明确的，忌讳含混和笼统。

（2）全面，是指不光要训练学生网球运动的高超技能、战略战术，还应注意学生人文素质的培养，而在具体的实践过程中应当具体问题具体分析，根据课程的任务进行主次的安排。

（3）正确，指课程教学任务应当一方面符合教学大纲的要求和进度，另一方面切合学生的实际情况，针对不同学生的情况进行针对性的教学，并提出不同的要求。

3. 教案的基本内容结构

教案的基本内容结构主要包括准备部分和基本部分，具体如图 4–5–2 所示。

教案的基本内容结构

准备部分：应含有本课任务和思想动员的内容纲要，以及队列练习内容和注意事项等。准备活动的教材如属较复杂的动作，则要写出做法和要领，一般常用的准备活动可只写动作名称和图示。

基本部分：基本部分是课的主要部分。其中教材内容和教法、组织一栏，应将教材的动作名称、要领、教学要求、教学重点和难点、易犯错误等写清楚。各项教材的练习组织形式和为下一个教材安排的专门性准备活动等，都应用文字和图示详细说明。教学方法包括教师的讲解和示范，以及学生的练习顺序、练习方法、练习次数和练习时间等，要求用文字表述清楚，要把教学与练习有机地结合起来。

图 4–5–2

4. 结束部分

结束部分应将采用的游戏教材的名称、方法和要求写明；一般柔软性放松练习是放松活动的主要内容，这部分内容只将动作的名称写出来即可，加上图示也行。

在课程结束后，教师应对整节课的教学过程进行回想和反思，并将教学的经验教训及优点写入课后小结栏内，为教学工作积累资料，以便总结研究。

三、教学进度

教学进度是教师编写课时计划的主要依据，具体来说就是教师要把教学大纲所规定的教学内容和时数，按照一定的要求和顺序，合理地分配到每次课之中的教学文件。在制订教学进度时应注意如下问题。

（1）以理论联系实际为出发点，以不同阶段的教学任务与要求为依据，对理论课、实践课、教法课进行有的放矢的安排，将知识传授、技术掌握和培养能力进行有机结合。

（2）根据网球运动发展规律和培养目标的要求，一方面，要做到对大纲中的教学内容有一个较为全面的安排，另一方面还应当从客观实际出发，在课程的安排上做到重点突出，尤其要加强基本理论、基本技术和基本技能的教学与培养。

（3）合理安排每次课的运动负荷，尽量做到大、中、小相结合。

第五章　网球运动基本技术教学实践

网球运动技术的训练和掌握在网球运动的整体学习过程中占有举足轻重的作用，运动者只有熟练掌握网球运动的技术，才能不断提升自身技术水平，才能在网球比赛中取得更好的运动成绩。

第一节　握拍法与正反手击球教学

一、握拍法技术教学

（一）握拍术语

在网球运动中，网球拍的作用不仅是击球者手臂的延伸，同时也是手掌的一种延展。在手持网球拍的时候，击球者正确的握拍姿势应该是手握拍柄，手掌根接近拍柄尾端。手腕、手臂、手指相互配合，共同发力，才能完成一个击球动作，握拍姿势的正确与否将会对发力产生直接影响，进而影响运动者的技术发挥。因此，如果一个人想要接触网球，正确的握拍姿势是一个良好的开端，接着再学习正确的击球动作。刚开始接触网球的时候，正确的握拍姿势可能会让初学者有点不适应，一旦熟悉之后，其在运动中产生的优点就会出现，握拍术语如图 5-1-1 所示。

握拍术语

- “V”形虎口：这个姿势主要是握拍时，拍柄部位大拇指与食指自然形成的“V”字夹角。
- 小鱼际：手掌根所在部位。
- 5 条线：球拍拍面垂直于地面，从左向右将拍柄分成 1、2、3、4、5 五条线。
- 8 个面：上平面、下平面、左垂直面、右垂直面、左上斜面、右上斜面、左下斜面、右下斜面。

图 5-1-1

（二）握拍技术分析

东方式握拍法、大陆式握拍法、西方式握拍法、双手握拍法以及半西方式握拍法是网球运动中常见的几种握拍法，这里一一对其进行详细解析。

1. 东方式握拍法

（1）东方式正手握拍法。首先拍面与地面呈垂直状态，像握手一样，右手虎口握住拍柄右上侧楞，使拇指和中指环绕拍柄而接触，此时的食指应与中指分开，稍微向上一点，扩大握柄的面积（图 5-1-2）。

（2）东方式反手握拍法。立足于正手握拍的基础，反手握拍时，首先球拍顺时针转动，右手虎口从拍柄左上侧楞起握，拇指一般贴在左垂直面上，拇指垫稍弯曲贴住左下斜面。有一些能力比较强的运动者上网截击时或击高的反手地面球时，为了增大拦截的力量，会伸直拇指与左垂直面贴紧，这种方式往往能起到绝佳的效果（图 5-1-3）。

图 5-1-2

图 5-1-3

2. 大陆式握拍法

网球拍拍柄上的棱面，就是运动者虎口握住的地方，但要注意是正中间，拍柄上部的小平面是手掌根的部位，拇指与其他手指围住拍柄，食指向右上斜握住拍柄。相对来说，大陆式握拍方法对正、反手击球有较高的适应性，就像抓着一把铁锤一样，将球拍侧立，从上而下握拍（图 5-1-4）。

3. 西方式握拍法

可分为两种，分别是西方式正手握拍法和西方式反手握拍法（图 5-1-5）。

（1）西方式正手握拍法。网球拍与地面平行，运动者将手掌根贴在拍柄右下斜面，手自然握住拍柄，拇指压在拍柄上部小平面，食指与拇指相对，握住拍柄的右下斜面。

（2）西方式反手握拍法。运动者运用西方式反手握拍的时候，虎口向右转动呈“V”字形对准拍柄右垂直面，掌根与正手一样贴住右下斜面。与拍柄底部齐平。拍面翻转，用与正拍击球时同一拍面击球。即正手握拍后，把球拍上下颠倒过来，用同一拍面击球。

4. 双手握拍法

在运用双手握拍的时候，不管是正手还是反手，在接球的时候，运动者必须要将来球方向一侧的手握到拍柄的上端，剩下的一只手相应握在靠近拍柄的下端(图 5–1–6)。

图 5–1–4

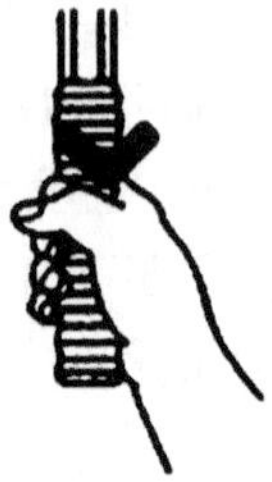

图 5–1–5

图 5–1–6

（1）双手正手握拍法。在这种握拍方式当中，运动者的左手和右手选择的握拍方式有所不同，右手部分的握拍方式选择东方式正手握拍法，握于拍柄的上方，左手则用东方式反手握拍法，也就是握于拍柄的下方。双手紧握球拍。击球之后，双手交换位置，准备迎接下一个来球。由于双手交换在运动过程中相对比较烦琐，所以很少有人使用这种方式。

（2）双手反手握拍法。在这种握拍方式当中，运动者的右手握拍方式属于东方式反手握拍法，左手则属于东方式正手握拍法，与双手正手握拍法正好相反，握在右手的上方，双手紧握球拍。

5. 半西方式握拍法

这种握拍方式介于东方和西方之间，因此，也可以将其视为混合式握拍法。东西方握拍方式的优点半西方式握拍法基本都具备；同时它还避免了它们的缺点。因此，当前绝大部分优秀选手所使用的握拍方式是半西方式握拍法。

(三) 握拍训练方法

（1）根据各种握拍动作要领进行各种握拍练习。

（2）结合各种击球方式进行不同的握拍方法练习。

（3）运动者在教师或教练员的示范下，严格遵循各种握拍法的动作要求进行认真练习，结合自身使用握拍法的实际情况思考和体会。

二、正反手击球教学

（一）正手击球技术分析

准备姿势、后摆引拍、挥拍击球和随挥跟进是组成正手击球动作的四个环节，运动者在训练过程中应当依照这四个环节依次加以训练（图 5-1-7)。

图 5-1-7

1. 准备姿势

运动者在网球运动中的准备姿势，首先要面向球网，两脚与肩同宽或者比肩略宽，自然开立，使两膝处于放松状态，身体重心向前方略移，使其落在运动者的前脚掌上。左手扶住拍颈，拍面和地面垂直，拍头对对手相向，精神集中，注意球的来向，使自身处于随时准备好击球的状态。刚刚接触网球运动不久的运动者，一定要将拍颈扶住，不仅仅是为了减轻右手的负担，对于快速向后转肩引拍和右手变换握法也有很大帮助。

2. 后摆引拍

击打对方的来球时，运动者双脚向右转动，左脚立即抬起向右前上步，与端线形成 45° 夹角，右脚向右转动与底线平行。基本上也就是向右转动 90° 角，右手通过转肩转髋带动向后摆动引拍（针对来球做正拍回击的步法属于“关闭式步法”；运动者在选用“开放式"步法时左脚不需要上步，但需要多向右后作转体动作）。

3. 挥拍击球

运动者在挥拍击球时，应用力蹬腿，促使身体转动，以肩关节为轴，手腕固定，使大臂带动小臂，提前挥拍，挥出去的时候要按照来球的轨迹，击球点的高度与腰齐高，击球的位置通常是左脚右侧前方。针对球的高度较低的情况，运动者应主动上前并屈膝，进而将球维持在和腰同高的高度击球。针对来球较高的情况，则应迅速后退击球。

4. 随挥跟进

当球接触到网球拍之后，运动者要想办法延长拍面平行于网的时间，遵循来球的方向做挥拍动作，使拍面向前方送出，此时的身体重心主要在左脚上，身体向球网的方向转动，拍头会伴随着手臂的惯性自然挥向左肩的前上方，肘关节向前，用左手扶住拍颈，结束了随挥跟进的动作之后，要用最短的时间回到准备姿势，迎接下一次来球。

（二）反手击球技术分析

与正手击球的动作技术大体相同，运动者要想做好反手击球动作，则需要拥有将身体充分展开并用力击球的能力，此外也需对跑动中转身的能力有很好的掌握(图 5-1-8)。

图 5-1-8

1. 准备姿势

反手击球技术的动作要点是：运动者面朝球网，身体前倾，两膝自然弯曲，两脚和肩同宽，用没有握拍的手轻轻托住拍颈，将拍头的高度控制为和下巴同样高度，双肘微屈，把球拍伸在前面，运动者的身体稍微向前，将身体重心放在两脚上。当运动者判断出来球方向是自身反拍方向时，运动者的握拍方式应立即转换成反拍握拍法，以利于击球的顺利进行。对于双手握拍的运动者来说，通常也需要对握法进行变换。

2. 后摆引拍

后摆引拍要求运动者通过转动左肩与髋部的方式，带动右手的挥拍方向朝着左后方摆动，与此同时，左脚向左转动 90° 平行于底线，右脚迈向左前方，双肩夹紧，左肩的方向对着球网，手腕绷紧并后伸，右手拇指和左腿的上部贴近。在做这个动作的时候，运动者应使自己的肘关节自然弯曲并下垂，身体重心放在后方的脚上。运动者应在完成正拍后摆动作之前尽早完成反拍后摆动作。在做单手反拍的时候，运动者的左手可以轻托拍颈，为了与执拍动作相协调，运动员可以适当向左转；倘若运动者需要进行双手反拍挥臂动作，则应当将转体动作做得更加充分，促使右肩转向左侧网柱。

3. 挥拍击球

挥拍击球的动作要领是：运动者将球拍从后方向前上方挥出，在做前挥动作时手臂依然要处于弯曲状态，直至做完随挥动作后再将手臂伸直。

击球点位于运动者的右脚左侧前方，击球高度位于膝盖和腰部中间，球拍和右脚在击球的时候应该在一条直线上；当来球与拍接触的时候，拍面和地面垂直，运动员的手腕要绷紧，击球中部位置，运动者应当具备“以手背击球”的意识，通过转体与转肩转移身体重心至右脚。

4. 随挥跟进

随挥动作具体是指运动者将球击出之后，拍面网的平行时间要尽可能延长，随着球向对方飞出，挥拍也会随惯性前送一段距离，通常这个距离应小于60厘米，运动者的重心向前移动到了右脚上，身体也向球网方向转动，直到球拍随着惯性到达运动者右肩上方，整个动作才算结束，此时的拍头指向上方，当然，如果是削击球，就会产生不同的方向，随挥动作的高效完成能够对运动者控制球的落点与方向产生积极影响。

（三）击球的常见错误及纠正方法

1. 正手击球的常见错误与纠正方法

（1）无法将球打在拍子中央的“甜点”部位。

纠正方法：养成全神贯注、时刻盯球的良好习惯，尽全力盯住来球直到把球击出为止。

（2）挥拍动作过于仓促，击球深度不足。

纠正方法：运动者不断培养提前引拍的意识与习惯，完整、协调、平滑的完成转体引拍动作和挥拍击球动作。

（3）击球时拍头落后于手腕。

纠正方法：出现这一问题的原因是运动者向后引拍时后摆动作过大和伸直膝关节导致的前挥动作缓慢，进而造成击球点落在运动者的体侧，而运动者要想击到球，则必须拖后拍头，进而出现了手腕领先的现象。

（4）到位不充分。

纠正方法：运动者要想击出好球，则需要充分到位，然而到位不充分的问题总是存在于网球运动的实践过程中。到位不充分的原因主要体现在以下三点：第一，还击动作不认真，未达到随时向任意方向起动的要求；第二，没有准确预测来球方位，在来球过网前没有开始进行身体重心的转移；第三，运动者在距离感方面相对不足，无法精确判断出来球力量的大小和落点的远近。

（5）在体侧击球。

纠正方法：站位不好或者前挥过晚均是导致在体侧击球的重要原因，进而导致运动者未将击球点置于右前方的正确位置，其结果为屈臂用手腕的力量把球推过球网，击球后身体重心依然在右脚上，最终造成运动者身体重心不稳击球无力的问题。

（6）击球出界或下网。

纠正方法：对正确的握拍方法做到熟练掌握，不盲目加力，准确调整击球时的拍面角度与击球点。

2. 反手击球的常见错误及纠正方法

（1）单手反手击球的常见错误及方法。运动者在单手反手击球时，除出现正手击球时出现的常见错误外，还会出现反手击球时常见的一些错误。

① 击球点距离身体过近或过远。

纠正方法：要正确判断来球落点和反弹轨迹，积极有效地进行跑动，应将肘部可以自由发力的地方作为击球点，一般能够通过打自抛落地球的方式加以纠正。

② 将球打出界外或下网。

纠正方法：运动者应在恰当的时机及时转换成反手握拍法，采用准确合理的握拍方法。由于反手打法的不同击球部位均存在较小的差异，因此运动者要准确选择击球部位，培养眼睛盯球的良好习惯。

③ 发不出力量。

纠正方法：身体转动与挥拍共同实现了运动者反手击球的力量，倘若运动者转体引拍力度不足则很难利用其身体转动力量。运动者在训练过程中，应不断强化转体意识和转肩意识，尽可能早的做出引拍动作，促使肩部和球网相对；运动者在完成击球动作时，挥拍动作与身体转动动作应做到协调配合，同时将随挥动作做充分。

④ 反手下旋球的切削太“薄”，击球过浅。

纠正方法：运动者合理掌握拍面的开合程度，不断增加削球动作中向前推的成分，协同配合跨步动作，同时身体重心与之同步。

（2）双手反手击球常见错误及纠正方法。

① 引拍不充分，击球无力。

纠正方法：尽全力做好转肩动作并向后伸展左肩，在击球时充分利用转体转肩与身体前移的力量发力。

② 挥拍击球后过早抬头，击球不准。

纠正方法：促使运动者增强盯球意识，养成击球后保持低头姿势的良好习惯。

第二节　发球与接发球教学

一、发球技术教学

(一)发球技术分析

在现代网球运动中，发球是鉴别、评价技术水平的最重要的标志之一。

1. 握拍

东方式反手或大陆式握拍是比较常用的握拍方式。初学者在发球的时候通常喜欢东方式正手握拍，如果此时的运动者位于右区，用正常动作发球，很大程度上球出手后会偏向外角一侧，这是因为在自然情况下手腕的用力角度就是如此，要想改变这种情况，就要向内转手腕。但是，长时间使用这种方式，在别扭的同时还会对手腕造成伤害。因此，尽量减少使用这种方式进行发球。

2. 站位

运动者的双脚呈自然站立状态，全身肌肉放松。如果进行的是单打，球员的位置应侧身站在端线外中点旁，左肩与左边网柱相对，面向右边网柱，身体自然前倾，右脚约平行于端线，左脚与端线的角度约为45°，起支撑作用。右手握拍，左手持球，拍头指向前方。

3. 抛球

（1）抛球的方法。发球时，一定要做好发球姿势，在这个基础上，持球手的肘部逐渐靠近同侧的大腿，之后由上而下将球抛起。利用手臂向上的力量，使球平稳上升到一定的高度，注意发球时，尽量让球垂直向上。

如果是发平击球，抛球的位置应该在身体偏右前上方；如果是切削球，抛球的位置应该更靠右一点；如果是发旋转球，抛球的位置就应该靠左一点。

（2）抛球的高度。运动者手握球拍，充分向上伸直，球拍顶部稍高一点，就是抛球的高度，但这样的高度会限制挥拍击球的时间，因此，具体的高度要根据运动者的具体情况适当变化。

4. 引拍

抛球动作完成以后，与此同时后摆拉拍动作，准备击球。球拍先是从前方开始往下，之后马上向后上方摆起，当握拍手摆动到肩膀高度的时候，转体展肩弯臂，使拍头垂于背后如“搔背”状，两膝向前弓起，身体后仰，目光跟着球移动。

5. 挥拍击球

当球已经抛出的时候，球拍向上，这时放松握拍手的肘关节，手臂会在向前转动的身体和右肩的自然带动下产生一个完美的绕圈（不是故意的做挠背动作），当球降落到合适的高度时，立即挥拍击球，左脚上蹬，充分伸展身体和手臂。此时，由于惯性前臂有一个旋内的“鞭打”动作，这就是发球发力的关键动作，也是身体其他部位所有力量集聚的总和。

6. 随挥

运动者在完成击球动作之后，身体向场内方向倾斜，球拍在惯性的作用下到达身体的左下方，重心前移，右脚率先越过底线区域落地，此时的运动者要用最短的时间调整好自己的位置，迎接对方来球（图 5-2-1）。

图 5-2-1

（二）发球训练方法

1. 抛球练习

在进行抛球练习的时候，可以将一个目标挂在抛球的适宜高度，根据这个目标进行抛球训练。注意，目标的悬挂高度要适中，过高或过低都会影响练习效果。

2. 挥拍练习

运动者做完整的无球挥拍动作，动作准确连贯，要想加强训练效果可以对着镜子进行训练。

3. 抛球和引拍练习

运动者在练习抛球的时候，也可以进行一些拉拍动作与挠背动作，不要急于击球，让初学者对抛球与引拍动作相互结合的感觉有一个深层次认识。

4. 击固定目标练习

运动者将一个标志物固定在持拍所能够到的最高点（指拍心），在练习整套技术动作的时候，还要对固定目标进行练习，使动作尽量自然连贯。

5. 短场地发球练习

运动者的发球部位在发球线附近，基于动作标准的情况下，运动者连发五球就要退到底线。

6. 发球线路和落点控制练习

在保证成功发球的概率达到一定程度后，运动者将三个标志物放在发球区，分别代表内角、外角和中路，运动者的发球位置在底线后，要想达到训练效果，就要击中标志物。

（三）发球的常见错误及纠正方法

（1）两眼未紧盯球。纠正方法：当开始做抛球动作时，运动者的双眼就要时刻紧盯球。部分运动者常常会在网拍接触球之前的一瞬间眼睛从球转移到对手或者场地上，进而出现击球不正的问题，最终对发球效果产生不利影响。紧盯球不但要看到网拍“甜点”击中球的一瞬间，同时还需看到网拍触及球时的那个消逝了的击球点。

（2）失去平衡击球时向前跨步。纠正方法：针对这一情况，运动者可以采取以下四种措施。第一，运动者脸朝向网，双脚并拢发球；第二，运动者侧身对网，双脚并拢发球；第三，运动者双脚交叉，右脚代替左脚向前；第四，运动者将手指放在头额骨上将身体重心落在后面，直至适当的时候。

（3）发球不协调。纠正方法：运动者在无球状态下，先放松地进行抛球、引拍和挥拍的组合训练，努力做到抛球挥拍动作的协调与连贯，直至能够将抛球、挥拍、击球动作实现协调配合；与此同时，抛球动作要尽可能稳定，努力避免抛球、引拍、挥拍、击球的节奏被打乱。

（4）击球点靠后。纠正方法：深入理解和判断出击球点的正确位置，左肩前上方稍靠右一侧为切削发球和平击发球的击球点，左肩前上方为发上旋球的击球点。此外，运动者要尽可能稳定的发球，增加抛球稳定性的训练。

（5）连贯性不足。纠正方法：运动者在发球时采用球拍的反面进行击球；运动者在发球时使用球拍拍面，最终交换成正确拍面；指导运动者并让其体会手臂在整个发球动作中的动作要点；向运动者抛球并达到一定的高度，让其在最短时间内进行击球，教师或教练员站在运动者右侧，督促运动者在做发球动作时将手臂充分伸直。

（6）手臂抛球过快。纠正方法：运动者做完抛球动作后，让其左手在空中停留两拍，同时运动者应用左手在空中指着球。

（7）发球用直臂。纠正方法：教师或教练员用两个手指握拍发球；做发球动作时碰背两次；发球时使用球拍的另一面。

（8）肘先行。纠正方法：当运动者恰好带动向前时，向其靠近，将手指放在其肘关节上；要求运动者靠近球网站位，扔球拍(旧球拍)过网；要求运动者靠近球网发球，在击触球时停住。仅用球拍碰网。

（9）击球点不恰当。纠正方法：减少击球点的教学内容，将教学重点确定为击球点上；向上够伸球拍，想象击球点，并且紧盯一点发球，停止于臆想的击球点上。

二、接发球技术教学

(一)接发球技术分析

接发球在网球技术中同样重要。面对对方的发球，接发球员只能处于被动的防守地位，只有在极短的时间内判断来球，并迅速完成移动和回击球，才能化被动为主动，将对方发球局破坏掉。不能指望对手发球失误或发球质量差，而是要靠提高自己的接发球质量，以阻止对方的攻势，这就要掌握比较全面的基本技术。

1. 握拍

在进行接发球的时候，运动者要根据自身情况，选择最为适合的握拍方法。如果习惯用正手击球，就可以选择用正手握拍。但通常情况下，接球的方向位于运动者反手，因此比较适合的握拍方式为东方式反手握拍，也更容易换成正手握拍，注意握拍的力度以舒适为宜。

2. 准备姿势与站位

通常，由于接发球相对来说比较被动，这也就意味着，所站位置非常重要，这就要求运动者的位置应该在有效发球最大角度的分角线上或者略偏于反手位置，接近于单打边线处。根据对手发球方式和力量决定位置的前后，如一般发球站在底线前后即可，但如果接的是炮弹式发球，底线后1~2 米更加有利于发挥。

位置站好，做好接发球的准备姿势，与前述相同 (图 5–2–2)，此处不多赘述。要高度关注对方的发球情况，包括身体、抛球方向和球拍挥出去的位置，判断来球的速度和位置，准备接球。

图 5–2–2

3. 击球

接球时，运动者要能迅速预测出来球的落点，并及时作出反应，迅速握紧球拍，手腕固定，转体引拍，向来球方向转换脚步，准备击球。体前侧胸部高度处是适合的击球点，击打来球的时候可以适当延长球拍接触的时间，做好随挥动作。

4. 随挥

通常，随挥动作会随着后摆动作的大小变化而变化。结束了随挥动作，运动者要迅速调整身体到自己场地中央，迎接下一次的击球。

(二) 接发球训练方法

1. 与发球员配合的接发球练习

在练习发球的时候，一到两名运动者可以与实战相结合，练习接发球。不管是接发球破网，还是接发球抢攻，或者是接发球随球上网，都可以适当联系。

2. 提高接发球准确性的练习

多人轮流发球，接发球者要按照要求将球回击到指定位置。

3. 提高接发球实战能力的练习

有目的地进行各种战术练习甚至是互相对抗，对运动者的心理素质能有效提高。

4. 多球式的接发球练习

为了增加接发球者送球的准确性和力量，指导员可以利用多球发球的方式专门对练习者进行接发球指导。指导时，发球的速度、旋转、落点都应该根据接发球者的水平进行相应调整。

（三）接发球的常见错误及纠正方法

1. 接发球过于紧张

纠正方法：要树立攻守平衡的思想；用抖动手臂、大腿或转动球拍等方法来消除紧张情绪。

2. 无法预测对方的发球意图

纠正方法：注意看对方抛球时持拍拍面是平的还是有角度的，如果有角度即为切削发球，可准备向场边移动；用耳朵听，因为平击球的声音比旋转球要大得多。

3. 对方发球时重心落到脚后跟

纠正方法：原地快速小步跑，体会重心的正确位置；对方抛球时作变换左右支撑的小垫步，对方击球的瞬间，两脚前掌同时落地，双膝微屈，脚后跟稍抬起，保持重心在前。

4. 回击的球打不准甜点区

纠正方法：全神贯注，时刻谨慎，早判断，早定线路。

5. 回击球多下网

纠正方法：小臂下压不要过早，找准合适击球位置。

6. 接球时膝盖僵直或击球时跳起

纠正方法：强调膝关节的弯曲可加快身体的移动速度，更好地维持身体的平衡；强调两脚的支撑可使接发球更加稳定，提高接发球的成功率；多练原地和移动中的接发球。

7. 回击延后，常常打不到球

纠正方法：尽可能快地完成后摆动作。

8. 击出的球不稳定，无法将方向和力量控制好，球经常被打飞

纠正方法：握拍要紧，手腕要绷紧，特别是在接大力球的情况下要注意以下几点；把握好拍面角度、球接触拍的时间、随挥动作。

第三节　截击球与高压球教学

一、截击球

(一) 截击球技术分析

从技术结构来看，截击球技术有四个环节，分别是准备姿势站位、后摆引拍、挥拍击球和随挥动作。

1. 准备姿势站位

与正反拍底线击球的准备姿势相比，截击球的准备姿势要略高一点，拍头高于握拍手，左手轻托拍颈，注意力集中。当对手击球的一刹那，就能迅速判断来球的方向、速度、高度和路线，并及时做出反应。

网前截击越靠近网，就能控制越大的角度，就能更大程度地增加对方的压力。但如果太靠近，就容易导致球拍触网，所以，根据运动者的身高臂长，适宜的距离为 2 米左右，适宜的范围是距网 1 米至 3 米，过近或过远都不合适。

2. 后摆引拍

截击时，异侧脚向反方向前侧跨出成“关闭式”步法，并迅速转体后摆引拍，“简单、迅速、小幅度”，引拍时，手腕锁紧、固定拍面，保持球拍与肩平行，拍头高于手腕且稍高于肩，眼睛紧盯着来球。

3. 挥拍击球

拍面在挥拍的时候要保持一定的开放程度，与“关闭式”步法相结合，随着重心的向前移动带动右肩顺势向前挥拍，固定手腕。于体前击球，充分利用身体前冲的力量主动上前迎击球，迅速向前向下切削来球。

4. 随挥动作

随挥动作短促有力，之后依惯性向前下做送球动作，恢复到准备状态。

(二) 截击球训练方法

1. 抓球练习

运动者做好截击球准备，通过同伴的抛球，练习运动者侧前 45° 跨一步的接球能力。重点体会手脚协调配合的感觉。

2. 靠墙挥拍练习

靠墙练习的目的就是保证较短的引拍动作，条件不足时挡网也可。

3. 短握拍截击练习

运动者手握拍柄的前部，于网前拦同伴的手抛球。

4. 网前对拦练习

分别站在隔网两边的两个运动者，一名位于发球线，一名位于球网之间，连续拦击球，强调来回板数，注意击球后要迅速还原。

5. 网前和底线对抗练习

网前站和底线各站一到两名运动者，打计分练习，不允许挑高球，范围限定在单打场区的一半。

6. 隔网练习

隔网相对的两名运动者，其中一名运动者球拍颠球 3 次后，将球传给同伴，同伴以同样的方式再传回来。熟练后，减少颠球次数，直到两人进行截击练习。

（三）截击球的常见错误及纠正方法

1. 引拍幅度过大

纠正方法：建立正确的截击球引拍技术概念，避免与其他引拍技术的概念混淆；与正反手击球的引拍幅度相比，截击球的引拍幅度要明显小上很多，这主要是为了反应迅速。为了避免贻误战机，进行如利用挡网、设置标志物、声音提示等限制性的引拍训练，建立截击球引拍的动力定型很有必要。

2. 击球不准

纠正方法：不论是快球还是慢球，都要保持养成眼睛盯球的习惯，直至击球动作结束；快速调整步伐，尽可能使击球点出现在合理的位置；多进行各种性质来球的截击训练。

3. 迎面来球迎面堵挡

纠正方法：正面挡球的方式要尽量避免，要将球让至身边，侧身击球。

4. 击球无力

纠正方法：通过对转肩、上步动作的反复训练来改进；通过加重球拍或者训练者模仿撞击球动作，拍头向侧上方来提升；也可以通过吊球进行撞击球动作的反复训练来提升。

5. 不敢迎球

纠正方法：克服胆怯心理，做好迎球的思想准备；准备姿势正确充分，合理站位，调整好击球步伐；准确判断来球，敢于迎球截击。

6. 回击球经常出左场

纠正方法：这主要是因为引拍动作和转体不协调引起的，要想改变这种状况，就要转体时间提前，迅速击球。

7. 回击球经常过长、过高、出底线

纠正方法：原因是拍面打开过多，拍头位高于球的高度，运动者调整拍面即可。

8. 网前站立腿过直

纠正方法：膝关节弯曲，反复训练左右、前后移动；网前站立，提踵，双脚不停地移动。

9. 不能有效控制球的落点

纠正方法：截击球时，握紧球拍、固定手腕很重要；击球点的位置要控制好，以在身体前侧为宜；击球部位根据球的高低来确定；击球时宜使用短促的随挥动作。

10. 高位截击球经常下网

纠正方法：原因与会击球过长、过高、出底线相反出于拍面关闭过多，解决方式就是用手腕下压。拍面角度随来球高度适当调整，尽量不用手腕。

二、高压球技术教学

（一）高压球技术分析

1. 握拍

握拍方式与发球一致，以东方式反手握拍法或大陆式握拍法较为常见。

2. 准备姿势

高压球的动作与发球动作相似，其准备姿势也与其他情况大致相同。不同点就是在网前准备姿势中，要有两手准备，截击球和对方挑高球都要能够灵活掌握。在面对挑高球的时候，应迅速侧身转体，快速后退，目光始终追随来球。

3. 后摆球拍

在调整脚步和身体位置使时相应转体、侧身，迅速抬起握拍的手，肘部抬到肩高位置，拍头向上。

4. 挥拍击球

运动者通过判断球点，并迅速移动到击球位置时，以足部为支撑点，蹬地、转体、收腹伸展手臂向击球点方向挥拍击球。在能保证球能过网到达对方场地的前提下，击球点的位置越靠前对于发力和球的角度来说越有利。与发球一样，手臂挥拍动作同样有一个“搔背”接着再迎击来球的过程，手腕以鞭打动作击球。击球时，为得到“鞭打”效果，小臂和拍头要“甩”

出去。

5. 随挥动作

高压球的随挥动作的完成也就是击球后球拍顺势被摆至持拍手异侧的腿侧。如果击球点相对合适，随挥动作也就比较容易。如果击球点很靠后或者很偏，对正常发力造成影响，取而代之的可能是强行的扣腕或旋腕动作，这对运动者的腰腹力量及手腕控制能力有较高要求，初学者在这种情况下要根据自己的情况适当发挥。

(二) 高压球训练方法

1. 对墙练习

（1）连续对墙高压练习。训练目的：使运动者的球性得以提高，同时提高相应的能力。

① 运动者与墙的距离为 7 米，将距墙 1.5 米处的地面作为发球的落球点。

② 当球向运动者所在方向反弹的时候，运动者要迅速移动到球回来的方向，将球再次高压扣向距离墙 1.5 米处的位置 (图 5-3-1)。

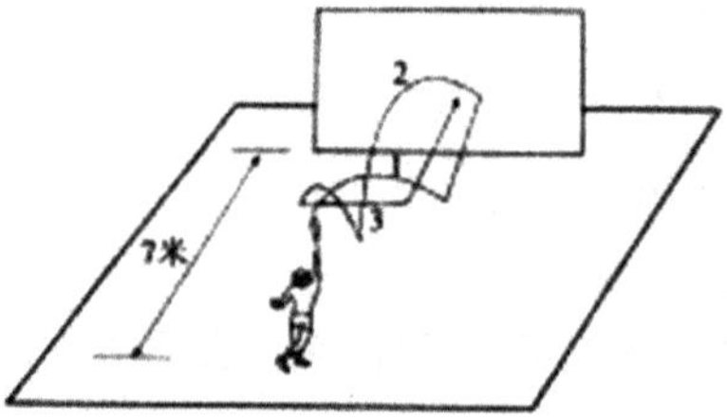

图 5-3-1

（2）反弹高压接挑高对墙练习。训练目的：提高运动者球性。

① 开始对墙挑高（图 5-3-2），墙上较高目标即高目标，较低目标就是为高压目标。

② 当挑高球落地反弹后，对准较低目标击高压球。

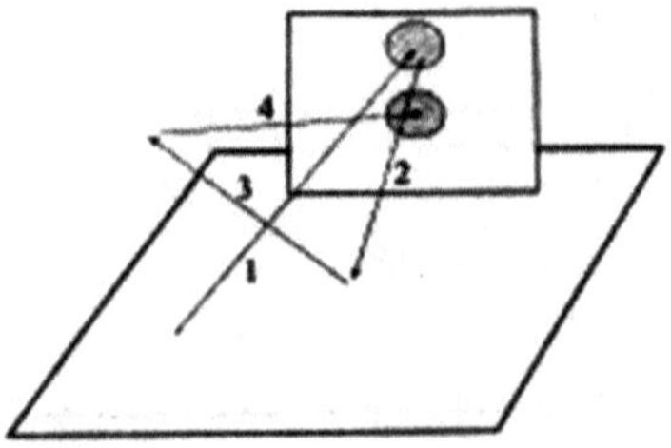

图 5-3-2

2. 与同伴配合练习

（1）一人挑高、一人高压练习。训练目的：指导运动者完成有效的配合练习。

① 两名运动者，一名负责底线挑高球，另一名则对应高压练习。

② 球的来回次数要尽可能延长，之后两名运动者交换练习 (图 5–3–3)。

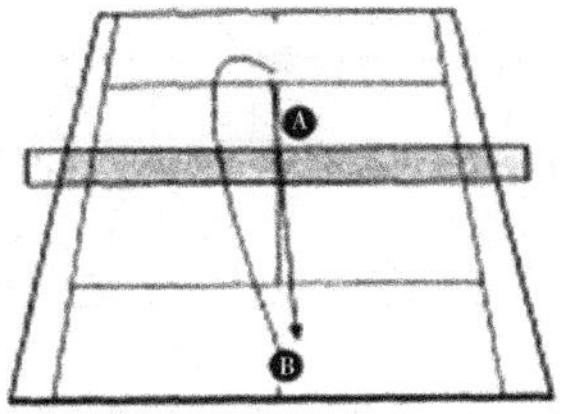

图 5–3–3

（2）进攻上旋挑高练习。训练目的：促使运动者完成更具进攻性的挑高。

① 运动者 A 在底线送球给运动者 B，B 截击来球使 A 处于被动。

② 处于被动状态的运动者 A 回击进攻型上旋挑高球，此时的运动者 B 就可以采用高压扣球 (图 5–3–4)。

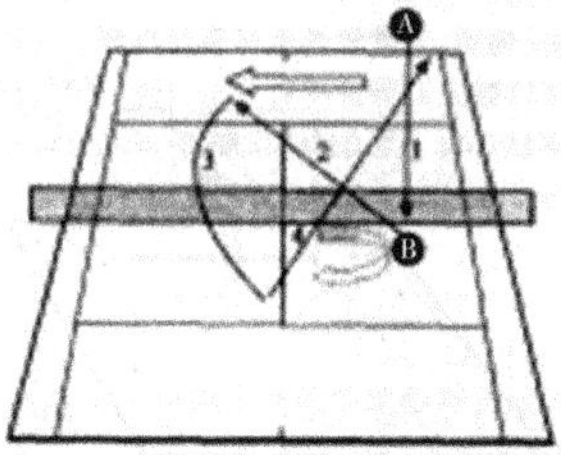

图 5–3–4

（3）角度高压练习。训练目的：增强运动者对落点的控制。

① 运动者 A 先将正手位高球送给运动者 B，B 高压直线深球。

② A 移动到左侧底线挑高，B 高压斜线深球获胜 (图 5–3–5)。

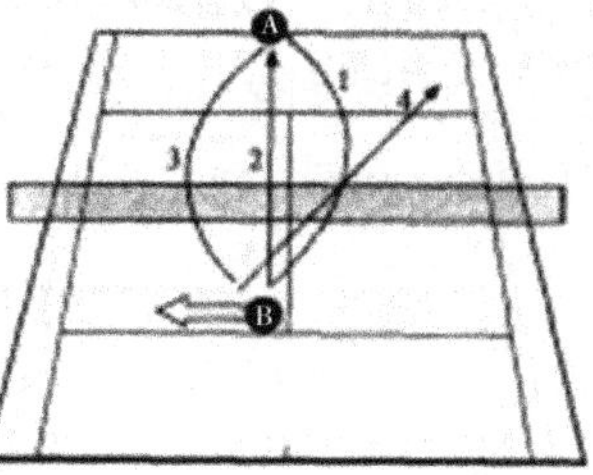

图 5–3–5

3. 多球练习

（1）抛球高压练习。训练目的：使运动者更好地掌握高压击球。教师或教练员在球网附近手抛给运动者高压球(图 5-3-6)。有效控制好抛球的位置和高度，使运动者能准确地高压击球。

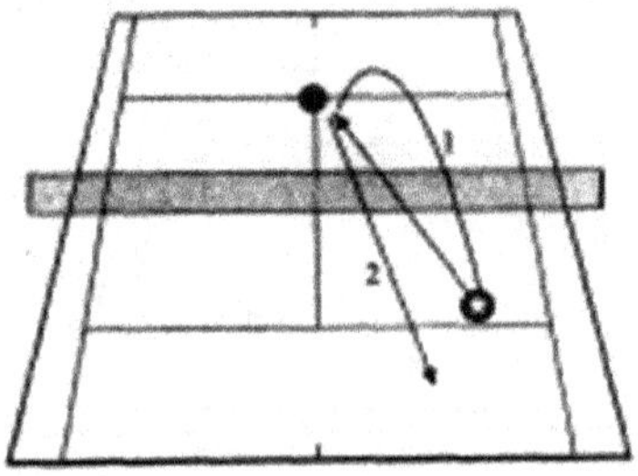

图 5-3-6

（2）自我挑高练习。训练目的：提高运动者的技术练习。

① 在球场的一端标记一条线在底线内 2 米。

② 运动者自抛自击挑高球，使球落在限定区域内(图 5-3-7)。

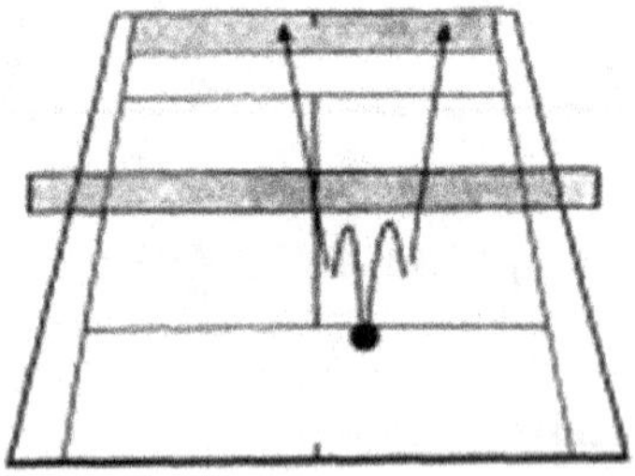

图 5-3-7

（3）自抛自击高压球。训练目的：提高技术的训练。

① 放球筒或拍套刚好在底线内或球场角落处。

② 运动者在另一边的中场，自抛自击高压球(图 5-3-8)。

（4）后退高压练习。训练目的：接近更实际的高压。

① 运动者 A 在网前做准备，运动者 B 在底线挑高后场。

② 运动者迅速后退高压获胜(图 5-3-9)。

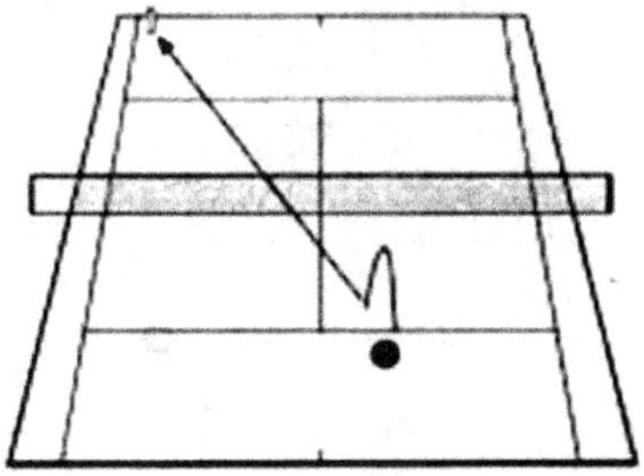

图 5-3-8

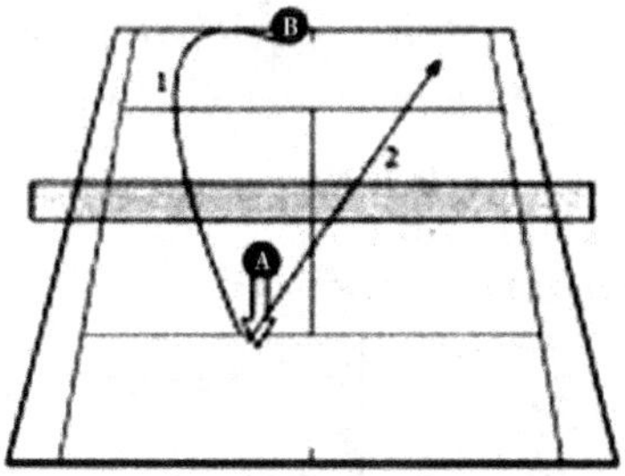

图 5-3-9

（5）不停高压练习。训练目的：培养运动者连续作战的能力。

运动者 B 在底线一球一球挑高给运动者 A。运动者 A 每次高压回击后，都必须跑到网边用拍轻触网带 (图 5-3-10)。

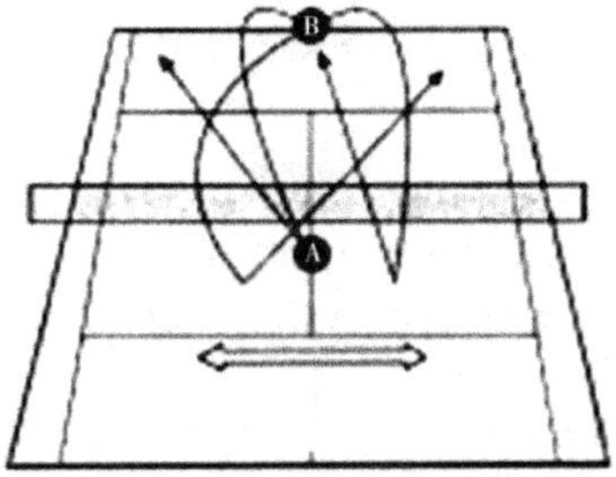

图 5-3-10

（6）反弹高压练习。训练目的：训练稳定的高压。

① 运动者 B 在底线，挑高给运动者 A。

② 运动者 A 在球落地反弹后高压该球，并瞄准放在球场上的目标物，运动者需设法于击球期间回到截击预备位置 (图 5-3-11)。

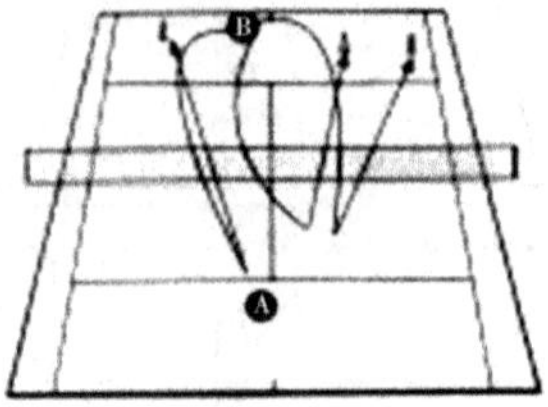

图 5-3-11

（7）凌空挑高练习。训练目的：巩固中拦的击球落点，提高进攻性挑高球在网前快速的反应能力。

教练送中场斜线球至球至中拦，运动员中拦回直线至对手。对手再回直线。中拦练习者击小角或凌空高球 (图 5-3-12)。

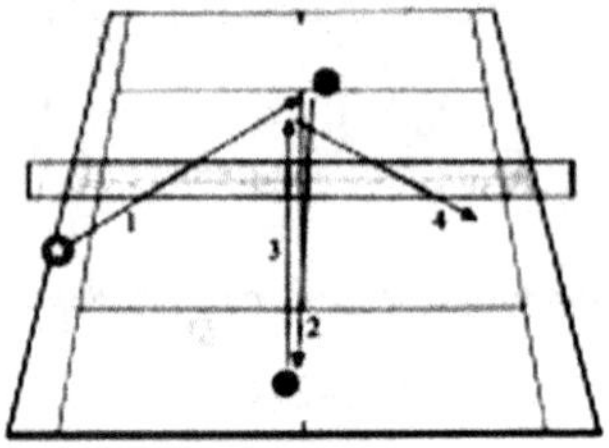

图 5-3-12

（8）过教练的挑高练习。训练目的：训练进攻性和防守性挑高球的能力。教师或教练员送既深且边的球至正手区，运动者迅速移动至挑高点击向目标 (图 5-3-13)。需要注意的是有深度要过顶。

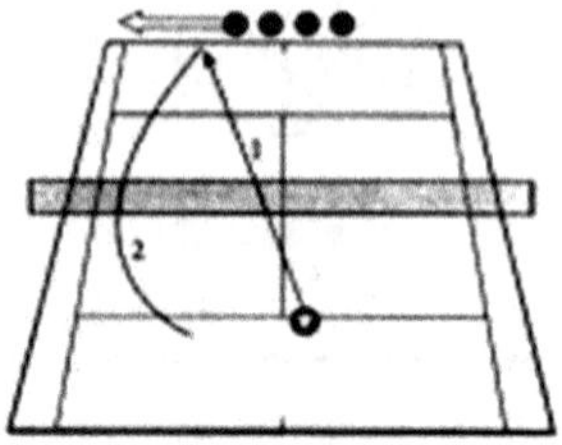

图 5-3-13

4. 变换练习

（1）强制高压球。训练目的：改进运动者高压击球的能力。

发球上网，接发球挑高，发球员跟上高压 (图 5-3-14)。让挑高球落地再打或打完高压球即退至端线者，都算输一局。

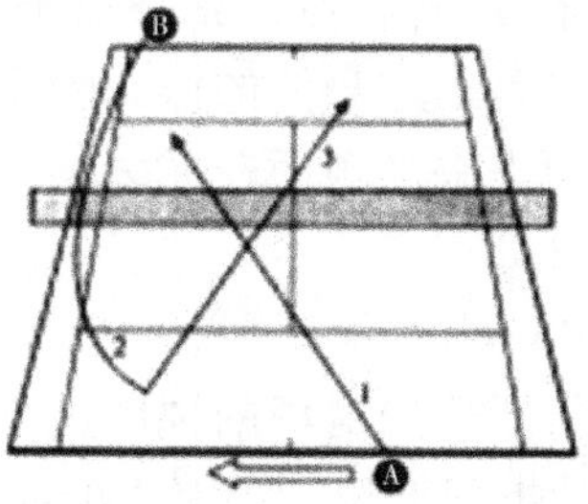

图 5–3–14

（2）上网挑高。训练目的：促使运动者具备攻击性。

运动者在练习比赛中，每逢对手上网，必须挑高球（图 5–3–15）。上网球员已知会打挑高球，认真打好高压球。

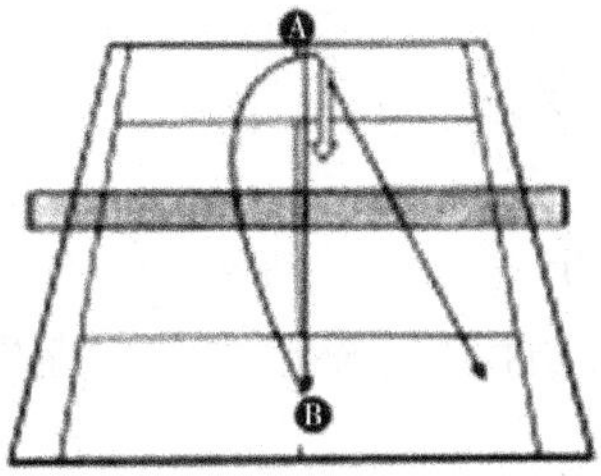

图 5–3–15

（三）高压球的常见错误及纠正方法

1. 位置感差，无法判断落点和击球时机

纠正方法：正确的移动步伐如侧身的并步、交叉步、垫步跑动，要经常练习，前扑时有针对性；多训练不同球速高球的跑位训练，加强位置感。

2. 击球点太低，击球不准

纠正方法：训练者的出拍时间适当提前；反复训练直接上举球拍呈击球预备姿势，要求训练者左手指着球。

3. 击球无力

纠正方法：球拍在击球时和球正确的接触角度，使拍面垂直于球飞出的路线；“鞭打”动作主要是通过转肩带臂来完成；侧身对网击球才能利于身体发力。

4. 未能移动到球的下落处击球

纠正方法：提高运动者的球移动能力和落球点的判断能力；通过对击高球的多球训练，注意击球点与步伐移动的合理时机。

5. 高压时身体过分地向前或后仰，完全依赖于手腕的运动

纠正方法：高压球主要是通过身体的协调配合来进行，上体不能过分前倾或后仰，否则就会因为失去平衡而造成失误；通过多球训练，选好击球点，用身体协调打高压球。

6. 击球触网或者出界下网

纠正方法：网口击球时要适当对球的幅度进行控制，避免触网；根据人和网的位置确定击球时的击球部位，并完成随挥动作。

第四节　挑高球与放小球教学

一、挑高球技术教学

(一) 挑高球技术分析

挑高球技术可分为进攻性挑高球和防守性挑高球两种。

1. 防守性挑高球

当跑到离球场很远的地方接一个非常被动的球时，势必要使用防守型挑高球。击球动作与普通的正手无异，这种手法既可以是抽球也可以是挑高球，这就会给对手造成迷惑。

集中注意力，眼睛注视球，击球时，拍面要尽量打开，从下部击球，手腕绷紧可以打下旋球，尽最大能力往高处和深处打。在惯性作用下，顺着球的运行方向球拍向上做随挥动作，在身体前面高处结束动作，之后迅速回到自己场地上的有利位置。挑高球越高，落点越深，对于帮助运动者找到合适的击球位置就越有利。如果与抽球的假动作相配合更好。练习或比赛中，不管是上旋球、下旋球，还是不旋转的高球，都要根据实际情况决定。

2. 进攻性挑高球

如果想要打挑高球，就要将自己的战术意图隐藏好，顺着球的路线向后收拍，使击球点靠后。用正确的姿势像打落地球那样击球，为了避免动作变形，肩部用力情况要尤其注意。与打落地球的区别在于拍面上仰，击球瞬间迅速向上提拉，造成球的上旋，给对方的接球造成压力，甚至是无法接球 (图 5-4-1)。

图 5-4-1

(二)挑高球训练方法

(1)要想开始挑高球的训练，首先就要掌握扎实的正、反手上旋球击球技术，在此基础上，才能开始上旋或下旋挑高球的训练。

(2)端线后自抛球，用正、反手向对方底线做挑高球练习。要求使球的落点靠近底线附近。

(3)设定一堵约 15 米的高墙为目标，练习挑高球。设定最高点，击球时尽量通过最高点，反复练习，提高技术。

(4)两个人搭配练习，其中一人喂球，位置不断变换，球速也相应加快，另一人则用正反手练习挑高球。之后互换角色。

(5)首先利用多球进行定点的专门练习，达到一定程度之后，逐渐增加难度，训练跑动中的不定点高挑球。

(6)两人搭配，一人进行网前高压，另一人在底线练习挑高球，尽量减少失误。

(7)训练与实践相结合，一人网前进行截击或高压训练时，可以用挑高球尽心突然袭击。

(8)两人搭配训练，一人位于底线，一人位于网前，当底线的运动者送出高球时，位于网前的同伴用高压球技术击向对面的不同方向，这样，不仅训练底线同伴的反应速度，同时也锻炼了挑高球，注意减少失误，交叉练习。

(9)按照双打要求，对方两人在网前截击或高压，练习方两人练习挑高球及防守反击技术。

(三)挑高球的常见错误及纠正方法

1. 挑的高度、深度不够

纠正方法：运动者位于端线处，进行原地的多球训练，无所顾忌地尽量击高击深；挑高球的移动训练。

2. 挑球过高而出界

纠正方法：挑高球只是练习手上的感觉，不要动用腕部和肘部动作。

3. 击球时手腕没有绷紧，打出无力的飘球

纠正方法：用力握拍力量，尤其是在击球瞬间，腕关节要绷紧。

4. 击球时拍头没有低于手腕，造成没有上旋或上旋力量不强

纠正方法：经常训练，腕部力量加强，手腕后屈，拍头低于手腕，实现弧线上拉。

5. 提拉动作突然，球拍跟进动作停止过早

纠正方法：挥拍训练和多球训练以及完整动作的完成和改进。

6. 动作不隐蔽，使对方有所准备

纠正方法：首先要了解隐蔽性和突然性的重要性；准备姿势和引拍与反手击球尽量一致；为达到迷惑对方的目的，拍面打开不宜过早。

二、放小球技术教学

放小球是一种不用力的击球，也称为“触击球”。要想赢得一场比赛的胜利，不仅要看能打出几粒好球，还要看击球是否能使对方在场上疲于奔跑，并把喜欢在底线打球的对方调动到网前来。

(一) 放小球训练方法

1. 对墙放小球练习

训练目的：单练手感。

运动者距墙 7 米，用正、反手切削球，将球轻击向墙 1.2 米高处。运动者在训练过程中要注意两个方面：一方面，球从墙止反弹落地两跳后仍在 7 米内；另一方面，球反弹落地两跳后再放小球 (图 5-4-2)。

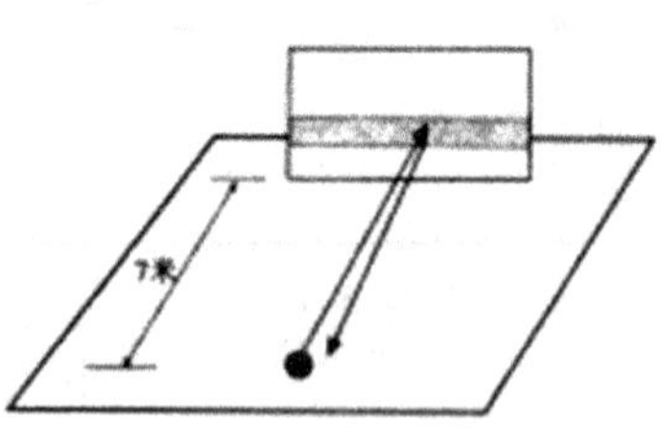

图 5-4-2

2. 二人对练放小球练习

训练目的：热身，提高运动者的一致性。

二人近网互放小球，练习放直线、斜线小角球 (图 5–4–3)。球的落点接近网，高度贴近网。

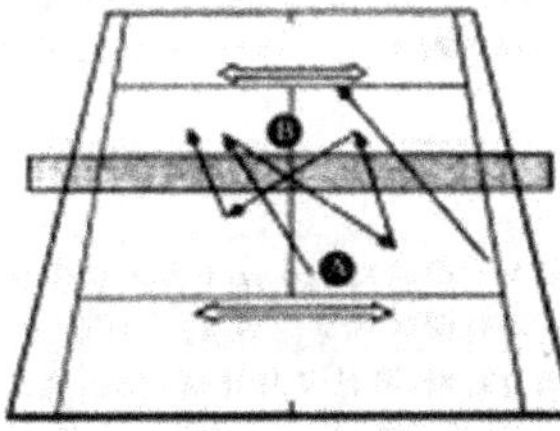

图 5–4–3

3. 自我的多球练习

训练目的：锻炼运动者的手感和落点。

运动者在中场附近，每次前抛一球，并击球到对方左右小角处(图 5–4–4)。此外，运动者要保证落点准确，球的反弹较小。

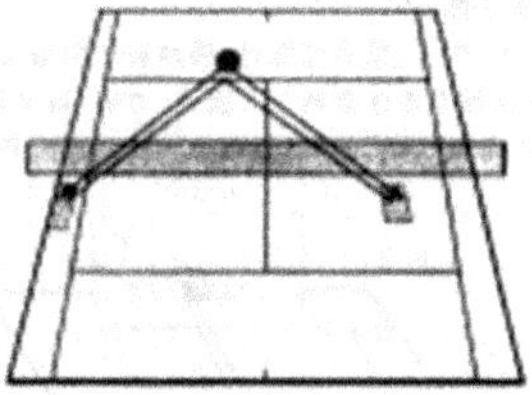

图 5–4–4

4. 实战性小球练习

训练目的：使训练更加接近实战。

（1）教练在后场送慢而浅的球。

（2）练习者从后场移动到前场放小球 (图 5–4–5)。

在实战性小球练习中，运动者要注意动作的隐蔽性，球过网反弹两三次仍不过发球线。

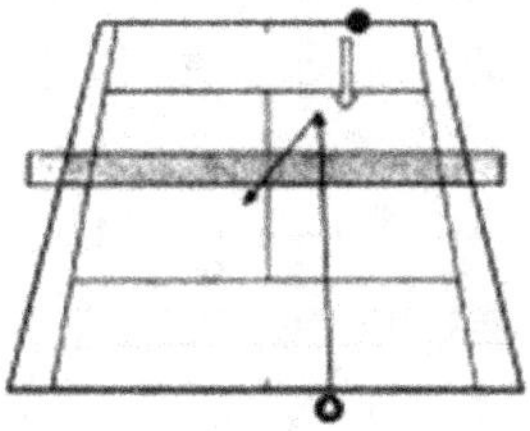

图 5–4–5

5. 放小球后上网拦封练习

训练目的：训练运动者在接小球中以被动争取主动反击的能力。

两名教师或教练，一名专门送小球，另一名专门送网前(包括高压)球(图 5-4-6)。

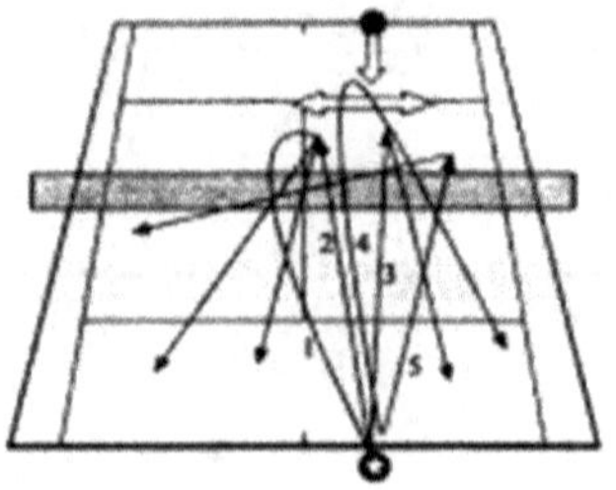

图 5-4-6

6. 放小球接后场反击练习

训练目的：使运动者放小球和后场起拍的能力得以提升。

首先教师或教练员将小球发至中区，第二次至较深的反手，反复训练(图 5-4-7)。

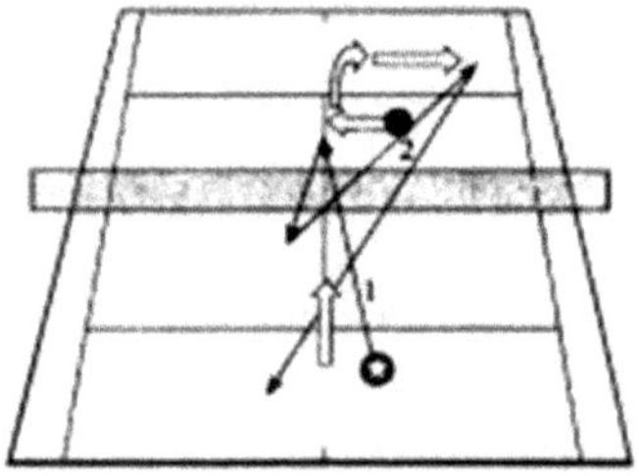

图 5-4-7

7. 放小球练习

训练目的：提高运动者在放小球与接小球两方面的能力。

送球斜线进入对方发球区内，然后返回底线碰底线(球拍)，对方回小球至发球区内。之后位于底线的运动者从底线跑上去推一板(图 5-4-8)。

注意事项：要想争取主动，运动者的前后移动就要迅速，如此循环。

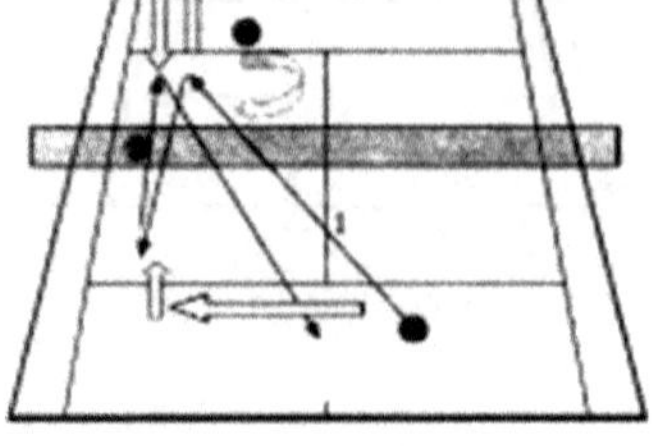

图 5-4-8

8. 跑小球与处理小球对抗练习

训练目的：提高跑动中处理小球的能力。

（1）教师或教练员送个网前小球，对方跑上网回小球。

（2）另一方上网根据情况可有两种选择，即拉小斜角和拉过头高球（图 5-4-9)。

注意事项：动作需一致，不能抽击。

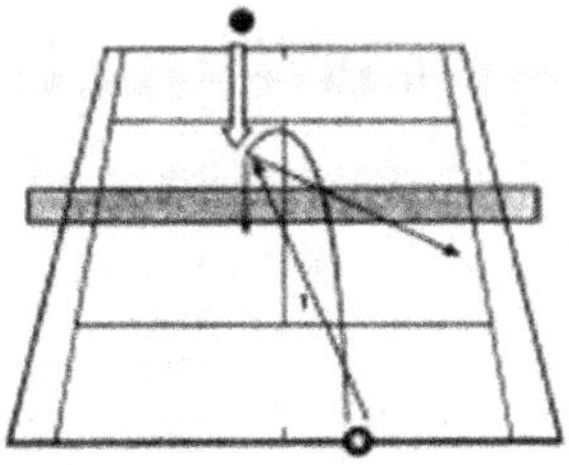

图 5-4-9

9. 比赛练习

训练目的：改善和提高运动者的放小球技术。

在比赛练习中，只要放小球得一分就算胜一局。

（二）放小球的常见错误及纠正方法

1. 抬肘击球，过早暴露击球意图

纠正方法：由于放小球主要是为了达到突然袭击效果，因此要注意隐蔽性，准备动作抬肘靠近身体，就像抽击动作那样，使对手无法看出击球意图。触球瞬间打开拍面，动作要柔和自然。此动作要加强练习才能掌握。

2. 球放得过高、过深

纠正方法：后摆动作要适当；击球瞬间，手腕用力沿球的下方滑击，造成下旋球；减小随球动作。

3. 小球放得太远

纠正方法：缺乏对球的控制，或准备不足，可采用多球训练方法。

4. 经常被对方截击

纠正方法：中前场由于离网近，线路短，较好控制，最适合放小球。放小球一定要有把握，不然很难取得想要的效果。

5. 经常下网

纠正方法：底线由于距离太远，如果放小球容易导致手腕过早泄力或相对来说不好控制，应加强手感训练。

第五节　反弹球与网球墙辅助教学

一、反弹球技术教学

反弹球是一种难打而微妙的击球技术，是指在球刚弹起来时立即击球的方法。

(一) 反弹球技术分析

1. 握拍和准备姿势

以大陆式握拍方法为主，或采用东方式反手握拍法。打反弹球一般都比较突然，准备时间很短，所以动作应迅速简练。一旦决定打反弹球，立即侧身对着来球，拉拍动作比正常的落地球打法更快更短。

2. 后摆引拍

当判断来球需要打反弹球时，运动者要快速下蹲使重心降低，打正手反弹球时 (反手时动作相同，方向相反)，向右转体同时左脚向前跨步，保持膝关节弯曲状态，身体前倾，左手指向来球，平衡身体，根据准备时间以及来球速度决定后摆动作，后摆动作随转体一同完成。

3. 击球

打反弹球是在球刚弹起时击球点很低，因此必须降低中心来击球，触球以身体前外侧最佳，拍柄几乎与地面平行。击球时，手腕绷紧并控制拍面角度，将球稳妥送出，注意拍面要适当，切忌切削球。

(二) 反弹球训练方法

1. 对墙练习

（1）练习者距墙 7 米，将球击向墙 1.2 米高处。

（2）球反弹落地刚刚跳起就将球击出 (图 5–5–1)。

运动者在训练过程中要注意训练中眼睛要盯球，引拍小，屈膝降重心。

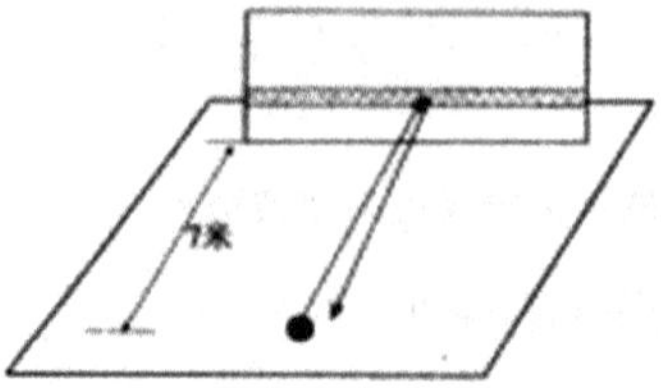

图 5–5–1

2. 一抛一击练习

训练目的是练习球点，击球点的感觉。

教师或教练员在网前抛球，运动者击反弹球后迅速上网 (图 5-5-2)。要将球击深，为下一拍截击作准备。

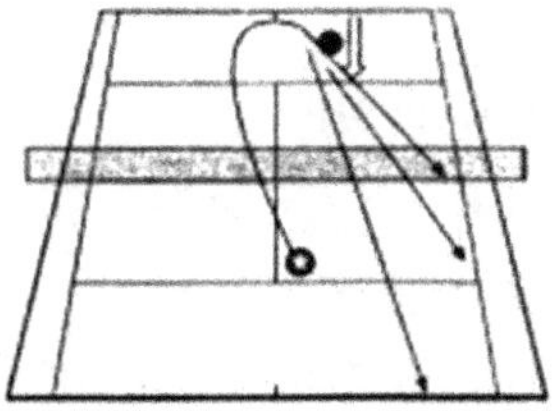

图 5-5-2

3. 半场练习

半场练习训练在于促使运动者掌握击球点。二人半片球场，一人送脚下球，另一人练习反弹球 (图 5-5-3)。

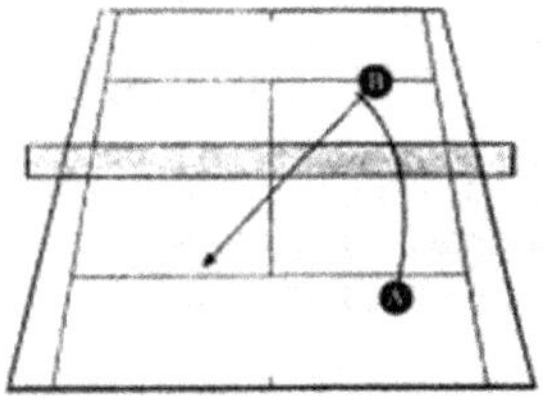

图 5-5-3

(三) 反弹球的常见错误及纠正方法

1. 无法准确掌握击球时机

纠正方法：经过躲球训练，使运动者在判断球的落点和反弹角度方面的能力显著提高。

2. 弯腰打球

纠正方法：正确的反弹球技术概念，能有效提高击球的稳定性和准确性，并体会通过屈膝降低重心的肌肉感觉，再通过多次训练相差正确动力定型。

3. 引拍幅度过大，来不及击球或击球点偏后

纠正方法：想要解决这种问题，在训练反弹球时，可将一固定物放在运动者身后一定距离限制运动者的引拍幅度。

4. 击球时手腕不够紧张，造成击球无力，落网多

纠正方法：击球时手腕绷紧，随挥动作也相应增大；通过对手腕放松与紧张进行对比之后，让运动者对正确的反弹击球动作加深了解。

5. 垂下拍子“捞球”和拍面向上“铲球”，导致球失去控制

纠正方法：准备击球时充分屈膝弯腿降低重心而不是屈上身，拍头翘起，拍面保持与地面垂直；做动作时身体不要起伏太大。

二、网球墙辅助教学

（一）网球墙辅助教学的作用

（1）用肌肉感觉记住动作，技术动作定型正确。

（2）有效体会转肩、转腰的动作要点。

（3）便于同伴多角度观察并帮助自己改正错误动作。

（4）快速有效地改变握拍力和站位姿势。

（5）最适合练习截击。

（6）适合练习高压球。

（二）增强球感、球性的练习

1. 增强手感

方法：通过边线和墙上的网线给运动者打分，分数越高，掌握越好。

适用范围：所有级别。

目的：增加运动者的乐趣。稳定性和步法有所增强，既可以热身也可以训练。

规则：

（1）墙上画一条线，与球网等高。

（2）在地面上画一条界线，超过这个区域则判失分。

（3）两人组合练习。墙面与地面的指定区域是球的允许落点。

（4）两人可以交替发球，也可发向墙壁，发球高度要超过网线。

（5）如果一人给对方造成影响，则重新开始。

变通：

（1）如果运动者的水平较低，可有两次机会，高水平的运动者发球一次。

（2）墙面和地面上的线条。如果是初学者为了降低难度，可以使用较粗的线条甚至可以不设界限。

2. 提高控球能力

概况：单人对墙练习。提高控制力和稳定性，在充分热身的情况下，也锻炼了各项身体机能和协调性。

适用范围：各个级别。

人数：如果墙面足够宽的话，不限人数

目标：通过不断练习，使技术得到强化和完善。

规则：

（1） 墙上画一条线，与球网等高。

（2）在墙面上设定击球区域，如果运动者是初学者可以适当放宽。

（3）画出界线，框定运动者和墙之间的范围。

（4）通常球落地只能弹一次，但运动者如果是初学者可以适当增加范围范围。

计分：

（1）击中目标区域的球记一分。

（2）记录规定时间内连续击中目标区域的次数。

变通：

（1）目标区域并不是固定不变的，初中级球员可适当变大。

（2）一旦正手的练习熟练之后，就可以换成反手位。此后可以用不同方式对目标区域进行瞄准击中。

（三）专项技术练习

（1）对墙正反手击球练习。可以作为比赛之前或上课的一种热身练习，能够很快地让身体预热，提前找到感觉。高手也能通过打墙巩固、提高球技。

（2）与运动者的节奏配合。对于基本功的练习，职业选手有专门陪练，练习时一对一教学；如果是单独练习，对墙练习就是很好的选择，自己可以掌握全部的击球节奏。

（3）可灵活地进行控制球练习。直线球可以保证持续练习；打出一定的角度才能练习正手和反手。精准的击球点才能得到希望的回球，所以对于控球能力来说非常有效。

（四）战术模拟练习

1. 上网

发直线球之后，对反弹后的球回击过渡球（随球上网），然后上网截击。与实际的上网练习相比，所用时间更少，因此，就要求运动者要有一定的的反应和控制能力（图 5–5–4)。

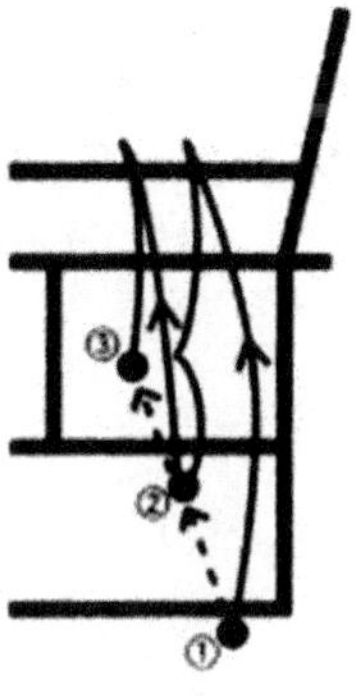

图 5–5–4

2. 全面防守

以右手握拍为例，从平分区发斜线球，连续进行反手斜线抽球、正手斜线抽球、反手随球上网、正手截击和反手截击。占先区同样如此。由于球反弹的速度很快，用时很短，再加上防守的范围很大，这就要求运动者有较高水平的步法。

3. 挑战双人练习

如果你能找到一个同伴，那么对墙练习的变化将更加丰富多彩，而且也别具趣味。

4. 双打

按照乒乓球双打比赛的规则，两人交替击球。瞄准一点，进行控制能力的练习，或者像打壁球那样进行比赛。还可以加上放小球和挑高球，根据对手的移动情况决定自己击出什么样的球。

5. 走“八”字

如图 5-5-5 所示，一个人打斜线（①③），另一个人打直线（②）。重复进行。通过线路和速度进行控制，让对方能够较容易地击到球。由于两人经常要横向移动，打斜线的人位置要靠后，移动路线要事先商量好。注意两人不要相撞。

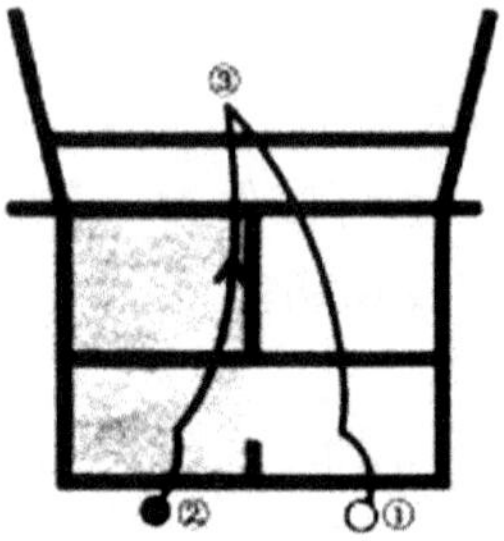

图 5-5-5

6. 斜线对阵游戏

每人负责半片场地，相互打斜线，把球击入对方场地，首先出现失误(下网、出界)的一方为负。和实际比赛一样，从发球开始，可以边记分边游戏。考虑战术的实施，比如先打一个短球，让对方上网，再打一记强有力的得分球等（图 5-5-6）。

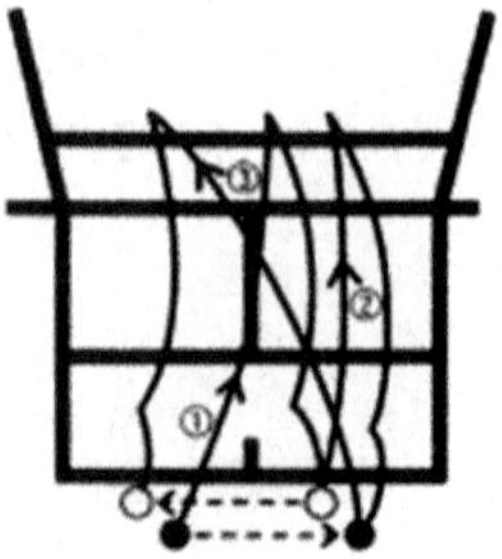

图 5-5-6

第六章　网球运动战术教学实践

良好的战术素养与应用是网球运动员技术发挥的重要保证，也是获得网球比赛胜利的必要条件。通过对网球运动各种战术的合理运用，不仅能够使网球运动员的各项技术得到合理衔接，同时还能够在一定程度上提高网球运动员的综合运动能力。

第一节　网球战术的定义、构成及分类

一、战术的定义

从广义上来讲，战术就是人们进行战斗的方法与原则，将战术放在体育领域中来讲就是运动员对于技术、意志、体能等各方面因素在比赛过程中的综合性运用。从狭义的角度来讲，战术就是在整个比赛过程中，运动员根据对方的一些运动技能的运动方法所采取的与之相互对应的技术手段与方法。

运动员在进行网球运动比赛过程中，需要根据比赛的情况以及教练的战术安排进行战术上的调整，切忌一成不变地执行教练的战术，要学会灵活运用自己掌握的战术，发挥出自己的技战术风格，根据对手在比赛过程中显露出的一些缺点来重点攻击对方的弱点，如此往复，便会形成适合自己的网球战术。

自身的技术状况、比赛状态以及比赛经验共同组成的战术，只有在比赛的过程中掌握了正确的战术，才能够在比赛中取得良好的成绩。在比赛过程中场上的比赛形式是千变万化的，运动员们需要根据具体的情况适时改变战术，科学地搭配进攻与防守、主动与被动的状态，才能够实现两种比赛状态的相互转换。

我们从战术和战略的定义来讲，战略的范围要更大一些，战术是包含于战略之中的。网球运动中对于战术和战略的运用也是比较明显的，比如

在参加比赛的时候，选派人员的排兵布阵、比赛队员的确定等都属于战略的层面，但是具体到某一场比赛当中，运动员为了取得这一场比赛的胜利所采取的各种手段或者是措施，这就属于战术所研究的范围了。

二、战术构成

（一）战术观念

战术观念就是运动员对于战术的内容、原理、概念、原则等因素的认识程度以及自身所形成的运动或比赛观念，当运动员的战术观念比较强的时候，运动员在进行网球比赛时取胜的可能性就会比较大，当运动员的战术观念比较弱时，在比赛的过程中取得胜利的机率相对较小。由此可见，战术观念的强弱对于比赛的胜负在一定程度上起到了决定性的作用。

战术观念的形成与运动员自身很多因素都有关联，比如参加比赛的经验、个人的思维方式、知识结构等，从某种意义上来讲，这种战术观念的形成有很大一部分取决于主观因素，并且战术的观念也会随着运动员认知程度的变化而发生变化。

（二）战术指导思想

战术指导思想指根据比赛具体情况提出的战术运用的活动准则。网球战术指导思想随着网球技术的不断发展与革新、新的打法的形成而逐步发展变化。我国网球的战术指导思想是快速多变、主动进攻、技术全面、特长突出、提高快速对抗中的相持能力，概括为“快、狠、准、全”四个字。

快速多变是对技术、战术提出的共同要求。体现在技术方面，如移动快、击球速度快等；体现在战术方面，如抢网出击快，配合变化快等。只有快才能给对方形成威胁，也是进攻性的具体手段和体现。变是为了防止对手适应本方技战术所采用的有效手段，快只有和变相结合，才能增加技术、战术的威力。主动进攻是得分的重要手段，主动是进攻的先决条件，主动不仅体现在思想上、意识上，更重要的是体现在战术行动上，战术行动进攻手段要根据自己的特点，用自己的特长攻击对方的短处。所以，网球战术指导思想也可以说是“以我为主、快速多变、主动进攻”。

（三）战术意识

所谓的战术意识，就是运动员在进行比赛的过程中为了达到某些特定的战术目标而进行的一些战术思维活动。战术主要包含两个方面的重要内容：一是运动员在比赛过程中对自己所采取的战术方法有比较清晰的认知，二是在比赛的过程中能够及时观察各种比赛的情况，根据场上的一些情况变化，迅速判断并制定出适合本场比赛的战术。运动员在比赛中能否取得优异成绩，战术能力起着决定性的作用。而战术意识支配战术行为，战术行为的效果又决定战术意识的评价。

在对运动员进行战术意识的培养过程中，教练员必须深刻认识和理解战术意识的真正含意，从而使战术意识培养能有的放矢。

教练员要不断提高自己的理论水平和战术意识水平，才能将战术意识的培养贯穿于技术训练之中。技术训练要战术化，不能单纯地练技术，在技术练习过程中要让运动员懂得技术的实用性、实效性以及技术与技术间的衔接等等，以便运动员在不同条件的情况下，能熟练地运用各项技术，从而提高战术意识和战术能力。

总结每一次比赛的战术意识表现，及时调整制定改进措施，是提高战术意识的重要方法。用比赛战例进行研讨，采用个人、两人或多人的形式进行。尤其是个人小结，它不限于赛中赛后，每局赛完后都可进行战术小结。及时总结是提高战术意识的极佳方法。

(四)战术知识

人的知识是在生活中不断获取得到的，从信息的角度来讲，知识就是同一种类信息的不断累积，在一定程度上能够有助于实现一些特定的目标。战术知识就是人们通过自身的一些锻炼和经验积累，在比赛过程中能够找到真正取胜的方法和手段。

战术知识的存在形式主要有两种，一种是通过实践获得的经验性知识，另一种则是从各种渠道所获得的理论性知识。经验性知识主要依靠的就是运动员在长期的比赛过程中一点点积累起来的，由于运动员在理论知识掌握或者是比赛经验总结上都会存在比较大的差异，所以在战术知识能力上不同运动员也会存在比较大的差异性。

如运动员的打法类型不同，一个上网型、一个底线型，两种打法的运动员对发球后结合进攻的战术理解是不相同的，他们可采取的进攻手段也不一样。经验性的战术知识一般会具有局限性和个体差异性，而理论性的知识则是通过抽象化的信息形式体现出来。一般这种理论性知识的体现手段就是通过多个个体经验知识的基础上，选择性的抽取一些个体的共同特点，来反映事物客观发展和运动的一般性规律，具有普遍意义。

（五）战术形成与行为

1. 战术行为的概念

运动员的战术行为是能够达到某种战术目的而采用的一些具有战术意义的动作系列或者是动作组合。战术的实施主要是通过战术行为体现出来的，战术行为主要表现在运动员的战术思想、概念、知识以及意识等方面，是运动员完成战术任务的具体方式。我们为了能够真正解决某个战术性的问题，就一定要将其付诸行动，正是因为有这个行动的存在，才有助于问题的解决。

2. 战术形成

首先，从本质上讲网球运动战术形成的过程，在一定程度上讲是对运动员的战术能力进行培养和塑造的过程。通过这一过程能够使他们在思想上对战术活动有更加全面的认知，意识上能够更加客观地反应战术活动，在行动上掌握和运用一套更加有效的方式方法。并不是让运动员学会几招几式的单纯基本技术，而是在整个战术形成过程中对他们进行全面的培养，即战术行为训练、战术意识培养、战术知识学习和策略思考能力训练。

同时还必须懂得，运动中的战术行为是在一定的思想指导下、在战术意识的支配下所表现出来的外表行为。这说明战术形成与各方面的训练、培养是相互联系不可分割的。

其次，我们应该认识到运动技术是形成战术行为不可缺少的组成部分。通常认为，运动技术是人在运动中相对合理而有效地完成动作的方法。从这个意义上讲，我们可以把网球战术看成是根据战术行为目的、任务将若干技术动作组成一个具有针对性的动作系列。在这里技术起着将各种动作联系在一起的作用。可以这样说，在战术中必然包含着技术成分。

因此，在战术的形成过程中，要充分理解认识战术与技术的关系，只有技术掌握得全面、熟练、实用，更好地在比赛中完成战术实施并取得好的效果，才能保证战术的应对变化，以适应现代网球比赛复杂环境的需求，使运动员在比赛中运用战术得心应手，达到战术的目的，取得比赛的最终胜利。

三、战术分类

根据不同的分类标准，可将战术划分为不同的类别，下面对战术的类别进行详细分析。

（一）按项目分类

通常，根据项目来对战术分类，可将其划分为两大类：一类是单打战术，另一类是双打战术。

1. 单打战术

所谓的单打战术主要包含上网战术、底线战术以及接发球战术等，这是运动员在进行一对一比赛的时候，为了能够全面夺取比赛的胜利，并且在一定规则的允许的条件之下，运动员所采取的一切能够帮助比赛胜利的各种方法。

2. 双打战术

要想完成好双打战术，单打战术是最为重要的保障。双打战术是在单打战术的基础上完成的，双打战术需要重点注意两人的技术匹配以及心理、行为上的默契配合。

（二）按战术攻、防性质分类

根据战术攻、防性质的不同，可将战术划分为进攻性战术与防守性战术两大类。

1. 进攻性战术

所谓的进攻性战术就是运动员以最终获得分数为主要目的，它具有主动性的含义。在运动员进行网球比赛的过程中，运用进攻性战术的方法是比较多见的。进攻性战术一般都是围绕着如何在回合比赛中获得比分而实施的，大多数情况下运动员在比赛过程中都会采取进攻性战术。

2. 防守性战术

防守性战术是指在被对手进攻的情况下，通过个人行为或两人（双打）协作，阻止对手得分的战术行为方法，从本质上讲并不是完全处于被动状态的战术行为。

这是因为比赛中有些阻止对方进攻的手段，同时也可能得分。因此，不能把防守性战术看作是一种被动战术。就一般情况讲，防守性战术不仅有限制对手发挥特长的功能，而且也是争取有利条件的行为和寻找机会打击对手弱点的过程。在网球实际运用中，底线型打法的运动员运用防守性战术要多一些。

（三）按技术使用的顺序分类

按技术使用的顺序，可分为发球战术与接发球战术以及相持阶段战术（图 6-1-1）。

按技术使用顺序分类

发球战术。发球是一分的开始。发球的战术意识首先是发球直接得分；其次是迫使对方接发球时不能抢攻，回球质量差，无法具备杀伤力，给自己赢得抢先上手主动进攻的机会。现代网球比赛中发球已成为最直接、简便和有效的得分武器，所以，发球战术的运用在比赛中至关重要，比赛中发球局能否全胜，是一盘比赛的关键。

接发球战术。接发球战术是与发球抢攻战术相抗衡的一项战术，其目的是破坏对方发球抢攻战术的运用。接发球战术对整个战局能否获得主动权起着主要作用。运用接发球战术应注意：第一，接发球要贯彻“以我为主，快速多变，主动进攻”的战术指导思想，要有积极主动、抢先上手的意识，而且要果断坚决；第二，必须具备各种接发球的技术能力，如抽、削、挡等，并根据场上的实际情况灵活运用。

相持阶段战术。相持阶段的战术是指前四拍之后可采取的各种进攻控制手段和方法。网球各种打法类型的运动员，一般主要依靠自身的技术特长，以快速多变的特点调动对方、压制对方，最终达到攻击的目的，使自己争得主动，发挥优势从而取得比赛的胜利。运用相持阶段战术应注意：第一，必须具备良好的技术质量，有扎实的基本功作基础，才能在相持阶段中争得主动，更好地运用相持阶段的各种战术。第二，要运用与自己的打法类型及特长相结合的战术，才能充分发挥相持阶段战术运用的效果。

图 6-1-1

第二节　影响网球战术的因素与基本战术方法

一、影响网球战术的因素

战术是一种方法，是运动员在比赛中为达获胜之目的而采用的具体措施。战术水平的高低，是通过运动员的技术水平、身体机能及心理素质等多方面因素综合表现出来的，从网球运动技术的发展和战术运用的经验看，影响网球战术发挥的因素有以下三个方面。

(一) 军事学与谋略学因素

谋略就是对抗双方为了赢得胜利，调动自己最大的智慧，寻求制胜的计谋和策略。在现代网球比赛中，势均力敌的情况经常出现，两兵相遇勇者胜，两者均勇谁胜呢？“两强相遇智者胜”。斗智在技、战术实力相当的比赛中就显得尤为重要。战术指挥和运用的优劣，“智”的较量是重要因素之一。在赛前全面地分析对手的具体情况，从中找出有针对性的进攻战术对策，才有可能达到克敌制胜的目的。

在进行网球比赛过程中，如果双方技术实力比较平均，那么，战术运动得当的球员获胜的几率就会大得多，在制定战略部署或者是战术运用的过程，其实就是运动员或者是教练员进行谋略思维的过程，在整个战术谋略过程中，我们需要做的就是准确把握对方的一些技术特点，然后找到自身的长处与对方的短处，充分发挥自己的技术特点来限制对方。这就存在相互制约的问题，谁能在这种相互制约的过程中发挥出最好的水平，谁就能最终战胜对方。

因此，军事学和谋略学对战术的影响是很大的，在制定战术过程中必须具备有谋略学的因素。在比赛中，战术谋略适当，在一定条件下可以“弱”胜“强”。但是，重谋略决不能轻实力，它必须是具有坚强实力作基础，只有在实力的基础上才能得以充分地展谋略。

(二) 心理与思维因素

比赛中运动员成绩的好坏是由竞技能力高低决定的。影响竞技能力发挥有两大因素：一是心理素质，二是战术能力。运动员的心理素质是比赛中实施战术的重要保证。在实战比赛中运动员的表现通常有两种类型，即

“比赛型”和“训练型”。“训练型”运动员的特点是心理素质较差，尤其是重要比赛的关键场次，更无法充分发挥自己平时训练的技、战术水平，使战术计划在比赛中无法实施。

“比赛型”运动员的最大特点是心理素质较好，在比赛中尤其是在重大比赛中，能较好地发挥自己平时训练的技、战术水平，甚至在关键场次能超水平发挥。因此，提高运动员的心理素质是提高战术质量的保证。

运动员在比赛中的智能水平是实施战术的重要条件。比赛中战术质量和战术变化取决于运动员的智能水平。因为，在现代网球的竞技运动中，运动员不可能机械地套用单一战术方法，而是通过临场观察、分析对手技术特点和战术水平，快速做出反应，有针对性地使用有效的战术方法。这就对运动员的思维和分析能力提出更高的要求。实践证明，运动员智力水平的高低，决定战术应用及战术变化的效果。所以提高运动员智力水平是提高战术质量的重要条件。

（三）技能与体能因素

技能是网球运动员掌握各种基本技术的能力，是战术实施的可靠保证，技能的高低，直接影响战术质量的优劣。可以设想，如果一个上网型选手连截击球技术都未能很好掌握，在比赛中根本无法实施发球上网战术，更不能达到战术效果。因此，技术能力的优劣直接影响战术行为的实施和战术质量，对比赛结果起到重要的作用。

网球比赛对于运动员的体能要求是非常高的。网球比赛的时间本来就比较长，运动员在进行比赛的过程中每一拍都必须争取主动权，稍有松懈就可能会给对方留下反击机会，如果比赛过程中出现了力量不足的情况，回球的质量会下降，进攻的质量也会随之下降，所以，保证体能的充足对于网球运动员的运动成绩具有非常重要的作用。

二、基本战术方法

网球的基本战术方法适用于各种打法类型的运动员。不同类型的打法在具体运用过程中，其针对性和使用的技术手段有所不同。单打比赛的基本战术方法大致分为以下三个方面。

（一）发球及第三拍抢攻战术

发球及第三拍抢攻战术是网球运动员取得良好成绩的关键因素之一，这种战术最为突出的特点就是全面发挥“前三拍”的进攻技术，实施抢攻得分或者是发球直接来得分。

（1）右区发球时，发球至对方发球区外角，当对手回斜线时，狠攻直线；当对手回直线时，猛攻斜线大角度 (图 6–2–1)。

（2）右区发球时，发球至对方发球区外角，然后迅速上网，当对手回斜线时，正手截击将球回至对方左场区底线处；当对手回击直线时，反手截击小斜线大角度至对方左场区 (图 6–2–2)。

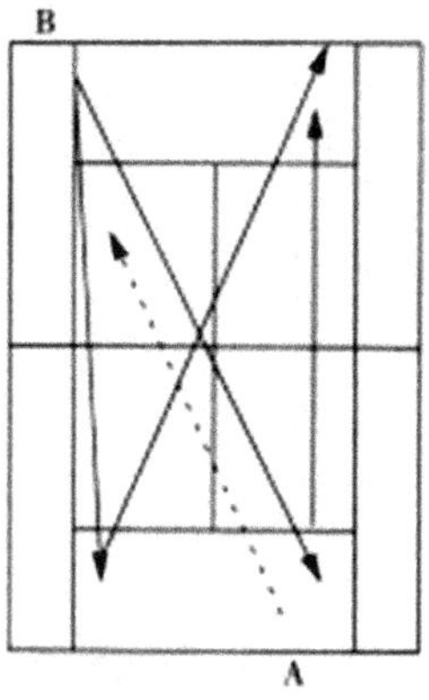

图 6–2–1

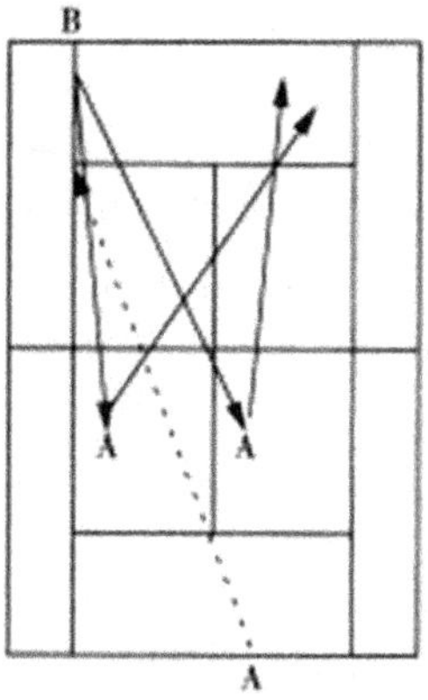

图 6–2–2

（3）右区发球时，发球至对方发球区外角，然后迅速上网，当对手回斜线时，正手截击斜线大角度回至对方右场区边线处；当对手回击直线时，反手截击直线至对方右场区底线处 (图 6–2–3)。

（4）右发球区发球，若对方回斜线球上网，可用正手攻直线靠边线的球，让上网者在移动中击球增加其回球难度；若对手上网距离很近，可用挑球至对方左场区底线处，迫使对手用反手高压球回击。若对手回直线球后上网，可用反拍攻斜线大角度 (图 6–2–4)。

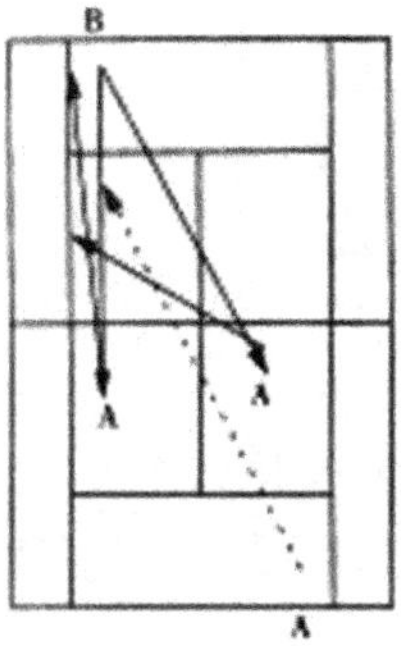

图 6–2–3

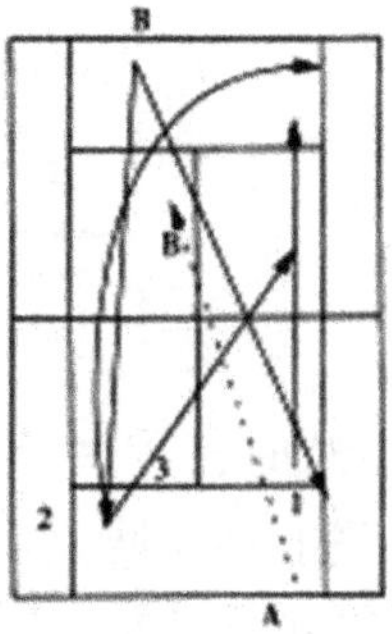

图 6–2–4

（5）右发球区发球，用各种发球将球发至对方右发球区的内角，然后迅速上网用正反拍截击，将球击至对方左、右场区底线空当处；若对手挑球可用高压球将球还击至对手底线两大角处(图 6–2–5)。

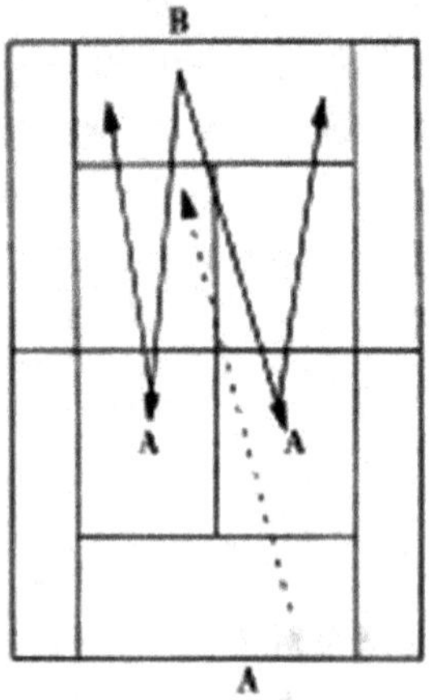

图 6–2–5

（6)左区发球时,发球至对方发球区外角,当对手回斜线时,狠攻直线;当对手回直线时，猛攻斜线大角度(图 6–2–6)。

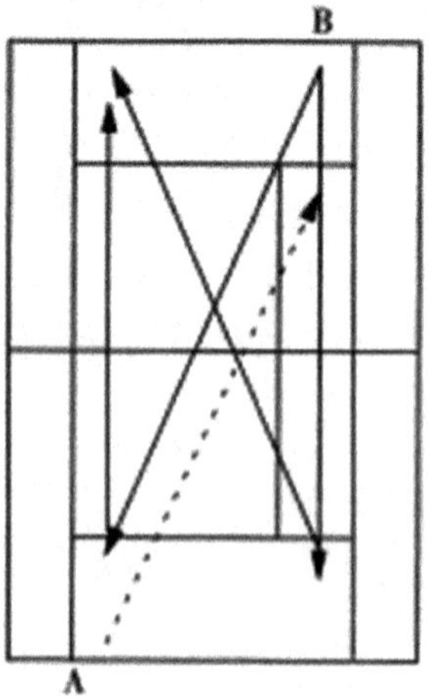

图 6–2–6

（7）左区发球时，发球至对方发球区外角，然后迅速上网，当对手回斜线时，反手截击将球回至对方左场区底线处；当对手回击直线时，正手截击小斜线大角度至对方右场区(图 6–2–7)。

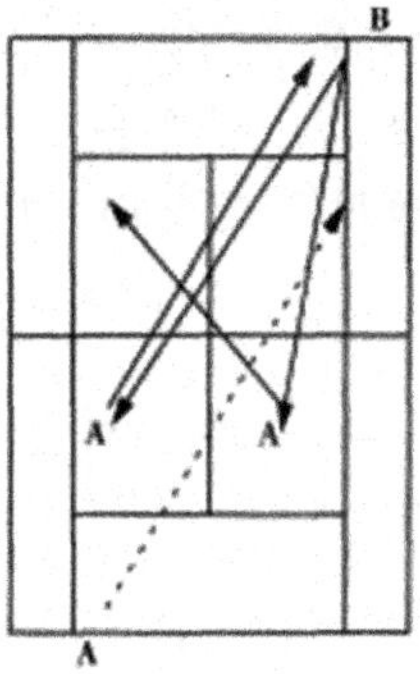

图 6-2-7

（8）左区发球时，发球至对方发球区外角，然后迅速上网，当对手回斜线时，反手截击直线至对方右场区底线处；当对手回击直线时，正手截击斜线大角度回至对方右场区边线处 (图 6-2-8)。

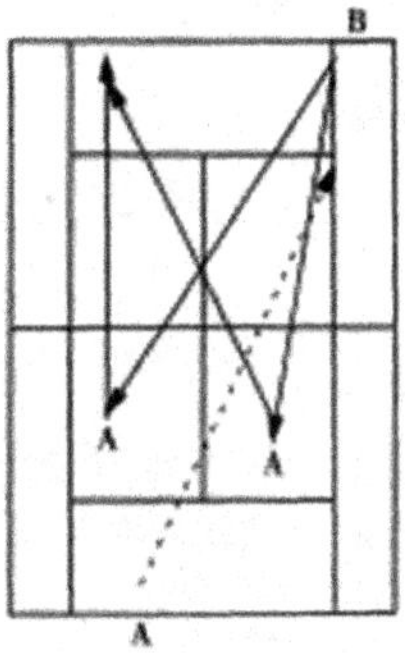

图 6-2-8

（9）左发球区发球，若对方回斜线球上网，可用反手削球至其脚下或攻直线靠边线的球，让上网者在移动中击球增加其回球难度；若对手上网距离很近，可用挑球至对方左场区底线处，迫使对手用反手高压球回击。若对手回直线球后上网，用正拍攻斜线大角度或上网者脚下，使其难于发力进攻 (图 6-2-9)。

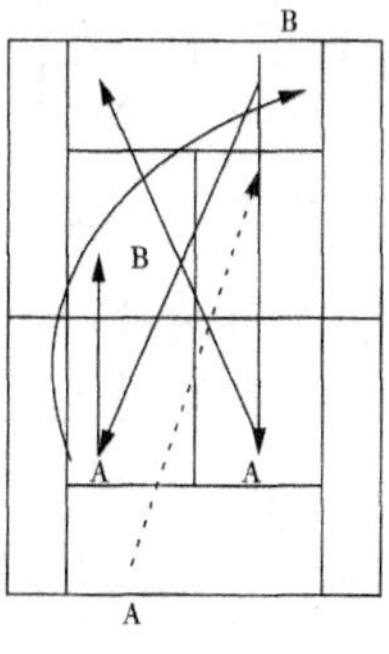

图 6-2-9

（10）左发球区发球，用各种发球将球发至对方发球区的内角，然后迅速上网用正反拍截击将球回击至对方左、右场区底线空当处；若对手挑高球，则用高压球将球还击至对手底线两大角处(图 6-2-10)。

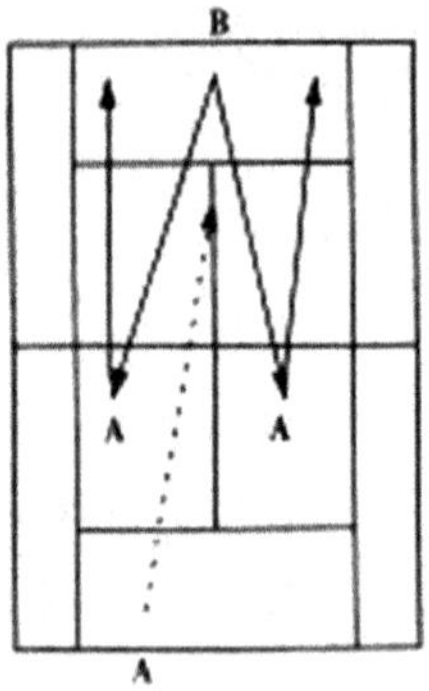

图 6-2-10

(二) 接发球战术

比赛中接发球处理得好坏，是能否取得主动并破对方发球局的关键，是关系比赛胜负的重要条件。

（1）右区接发球，当对方第一发球至外角时，若对手不上网，则用正手攻、挡等技术回球至对方左区底线处；若对手上网，则可用正手拉上旋斜线大角度球至对方右区边线处，或发力攻击上网者两大角、中路追身球(图 6-2-11)。

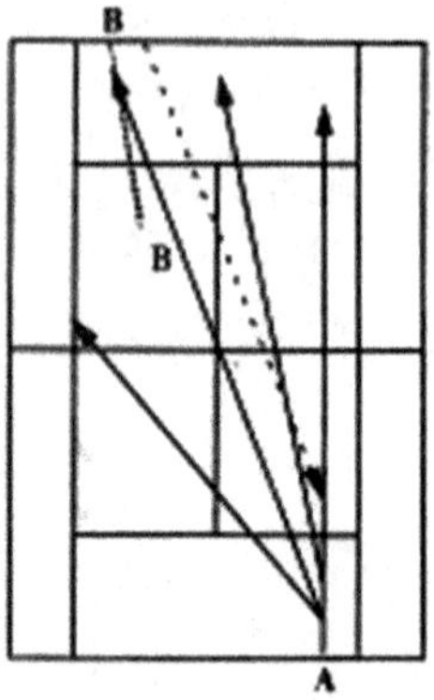

图 6-2-11

（2）右区接发球，当对方第二发球至外角时，若对手不上网，可用正手猛攻发球者底线两大角；若对手上网，则以正手发力攻上网者的左右两大角，或拉上旋至上网者的脚下，或挑高球至底线两大角(图 6-2-12)。

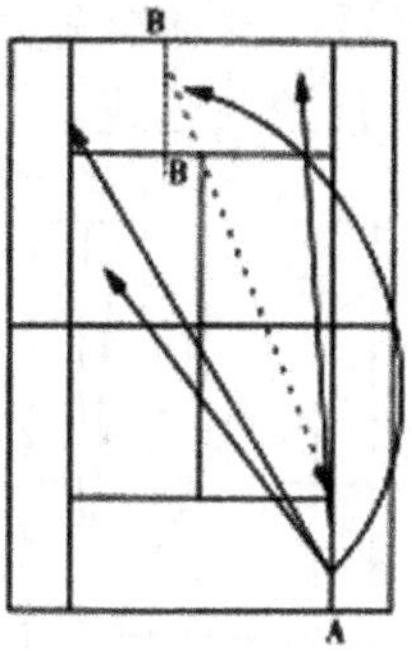

图 6-2-12

（3）右区接发球，当对方第一发球至内角时，若对手不上网，可用攻、挡、削技术将球回至左区底线处；若对手上网，则用反手攻击上网者两大角，或以巧妙的手法将球击至上网者的左右脚下 (图 6-2-13)。

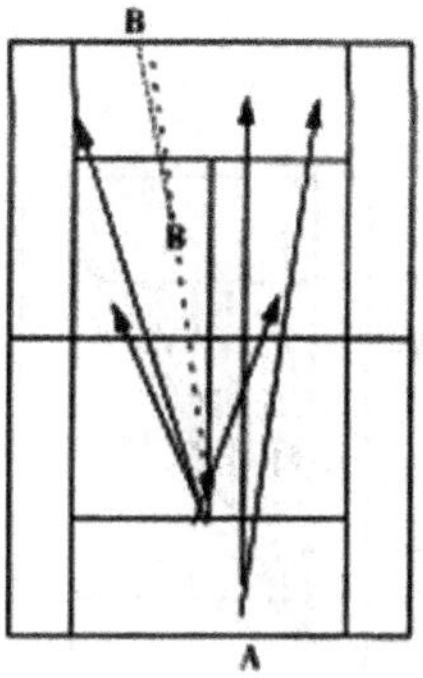

图 6-2-13

（4）右区接发球，当对方第二发球至内角时，若对手不上网，可用反手猛攻底线两大角；若对手上网，则以反手攻其两大角或追身处或以巧妙的手法将球击至上网者的左右脚下 (图 6-2-14)。

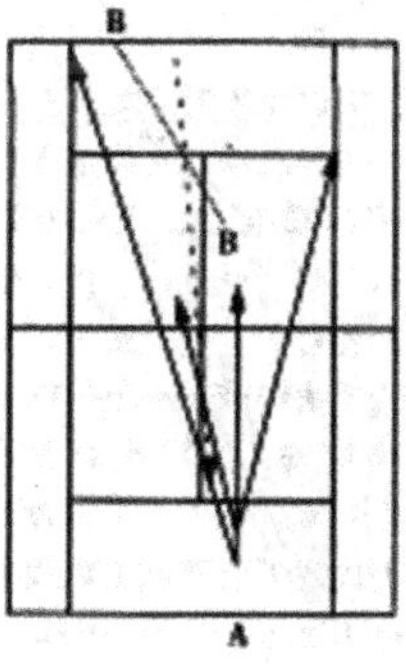

图 6-2-14

（5）右区接发球，对方第二发球至外角时，接发球者若能上网，可将球以较快速度回至底线两大角处并迅速上网扑捉得分机会 (图 6–2–15)。

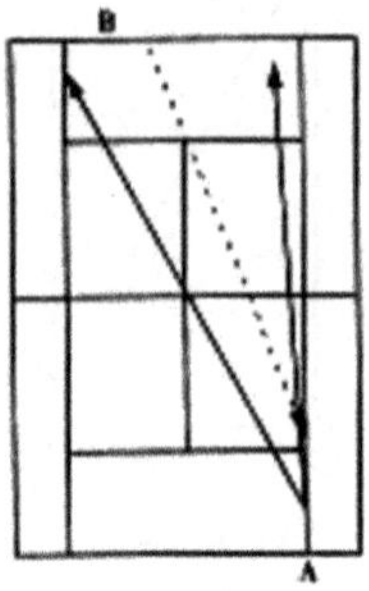

图 6–2–15

（6）左区接发球，当对方第一发球至外角时，若对手不上网，可用反手攻、挡等技术回球至对方左区底线处；若对手上网，则猛攻其两大角或中路追身球 (图 6–2–16)。

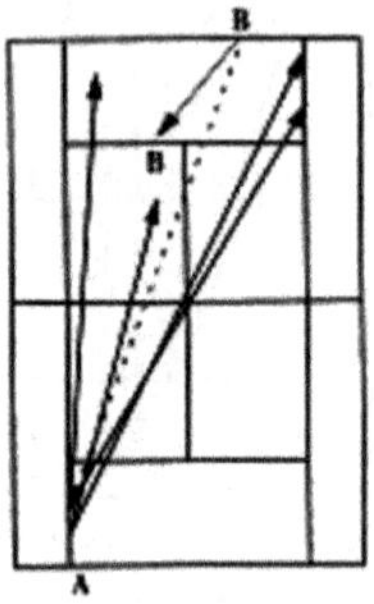

图 6–2–16

（7）左区接发球，当对方第二发球至外角时，若对手不上网，可用反手猛攻其底线两大角；若对手上网，则以反手发力攻其左右两边，或拉上旋至其脚下，或挑高球至底线两大角 (图 6–2–17)。

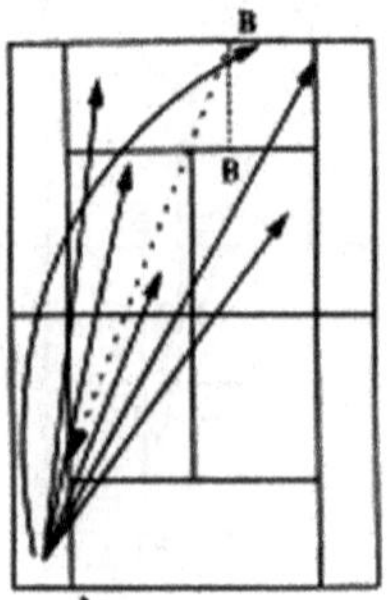

图 6–2–17

（8）左区接发球，当对方第一发球至内角时，若对手不上网，可用攻、挡、削技术将球回至右区底线处；若对手上网，则用正手攻击其两大角，或以巧妙的手法将球击至他的脚下 (图 6-2-18)。

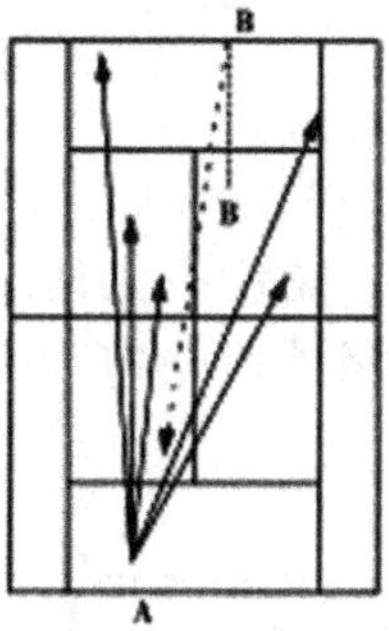

图 6-2-18

（9）左区接发球，当对方第二发球至内角时，如果对手不上网，可用正手猛攻击底线两大角；若对手上网，则以正手攻其两大角或追其身或以巧妙的手法将球击至他的脚下 (图 6-2-19)。

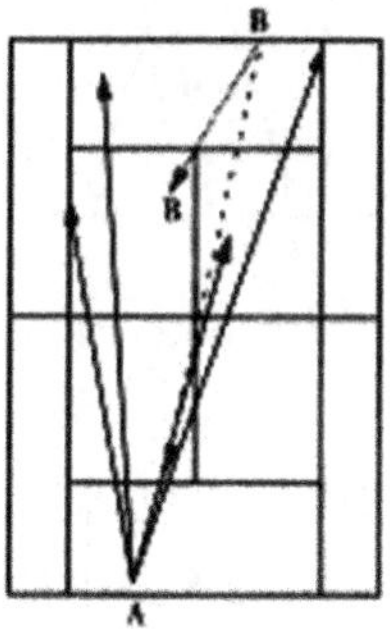

图 6-2-19

（10）左区接发球，对方第二发球至内、外角时，接发球者若能上网，可将球以较快速度回至底线两大角处,并迅速上网捕捉得分机会(图 6-2-20)。

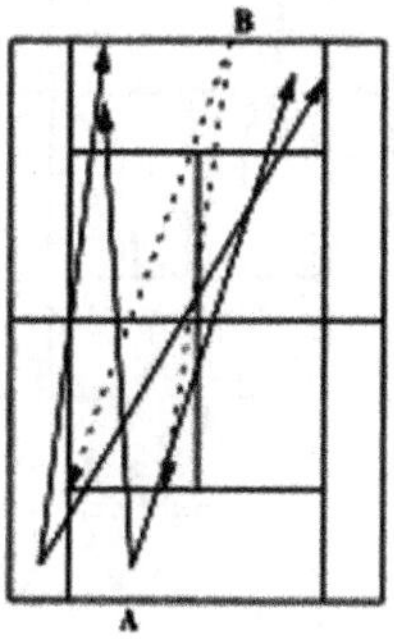

图 6-2-20

（三）相持阶段战术

在整个网球比赛过程中，相持阶段是整个比赛中比较重要的阶段。随着人们训练水平的不断提高，在前四拍结束一分的情况变得越来越少，尤其是在一些女子单打比赛过程中，依靠实例拼搏的相持阶段就会显得越来越重要。

1. 连续压反手突变正手的战术

用速度较快、落点较深、角度较大的球连续击到对方反手，待对方将注意力集中在反手时，再突然以快速和角度较大的球攻击其正手区域（图 6-2-21）。

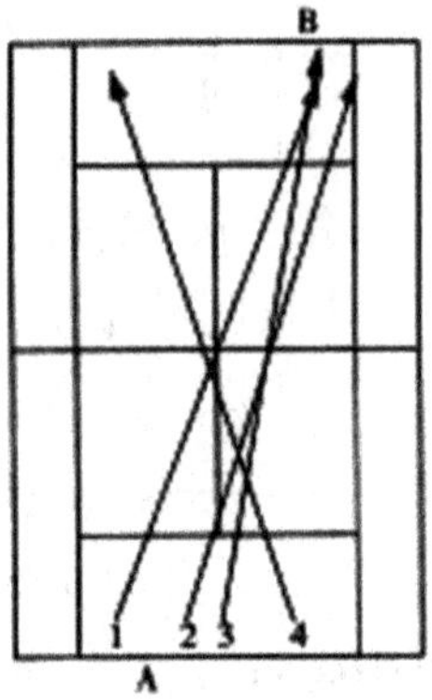

图 6-2-21

2. 连续攻正手突变反手的战术

用球速较快、落点深、角度较大的球连续击到对方正手，待其注意力集中在正手时，再突然以快速和角度较大的球攻击其反手区域（图 6-2-22）。

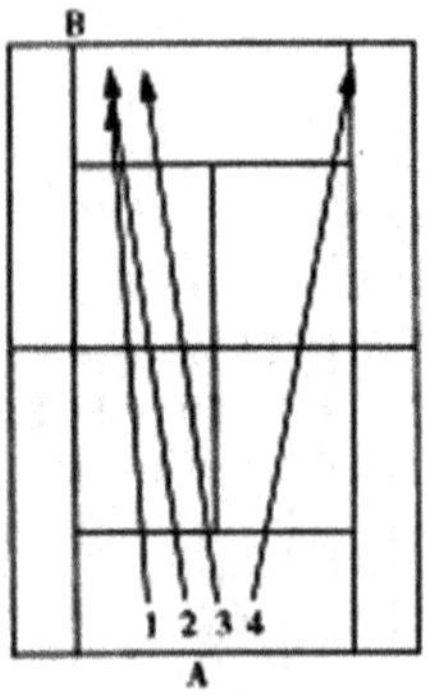

图 6-2-22

3. 交叉攻击左右两大角的战术

对方从右边击来的球，本方变线攻其左边大角；对方从左边击来的球，本方变线攻其右边大角 (图 6–2–23)，使对手在左右奔跑中击球，增加其击球的难度。这种战术也要有变化，如：攻正手一拍、反手一拍，正手两拍、反手一拍，反手两拍、正手一拍等，真假虚实相互配合才能有较好的战术效果。

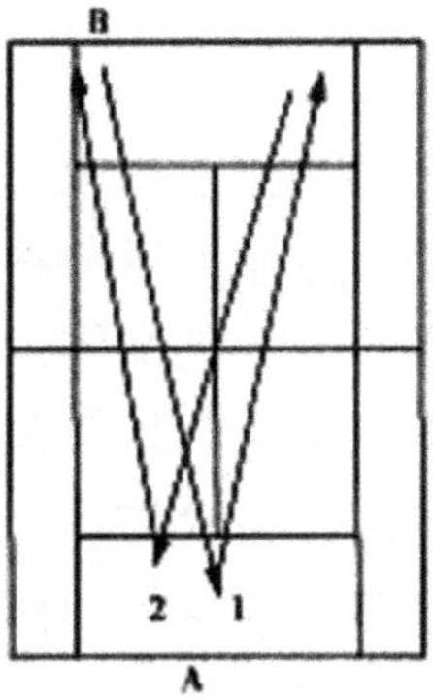

图 6–2–23

4. 放短球、攻底线相结合进攻的战术

对付前后移动较差、中场技术尤其是截击高压球技术掌握不好的选手，采用放短球，迫使对方上网，再攻其正反手两侧或挑高球让其后退击球，可从中得分 (图 6–2–24)。

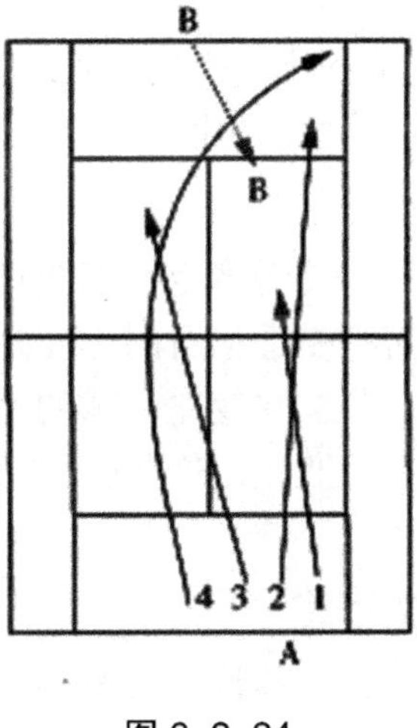

图 6–2–24

第三节　网球战术运用的基本要求与类型

一、战术运用的基本要求

（一）知己知彼，有的放矢

在比赛之前，运动员需要对自己的技术能力有一个相对清晰的判断，并且还要通过一定的手段和方式了解对手的技战术特点，在摸清对手的打法和技战术运用特点之后，根据对方的身体以及心理素质，制定出能够真正克敌制胜的作战方略，知己知彼，方能百战不殆。

（二）符合运动员自身的技、战术特点

战术是运动员在比赛中为取得胜利而采用的方法，这种方法必须为运动员所理解、所掌握，不然再好的战术也起不到好的作用，所以战术的运用要符合运动员自身的技、战术特点。

首先，要符合运动员的实际技术水平。技术是战术的基础，技术的数量和质量直接影响着战术的数量和质量。只有根据运动员技术的掌握情况，选择相应的战术方法，才能在比赛中发挥应有的战术作用。

其次，要符合运动员的打法类型和战术特点。不同打法的运动员其技术掌握情况都不一样，在战术运用时会有较大的差别，如：上网型选手和底线型选手在选用战术方法时是有很大区别的。所以，运用战术方法时要符合自身打法类型和战术特点，这样才能在比赛中更有效地体现战术效果。

（三）机动灵活，随机应变

考虑和制定战术时，必须灵活多变，不能只是单一板式的战术。比赛中战术的变化是绝对的，而不变是相对的，变是一切事务发展的规律。在比赛中运动员击球的力量、节奏在变化，球的速度、落点、比分在变化，运动员体能、心理也在不断地变化，这些变化都是我们制定和选择战术的重要依据。

（四）以己之长，制彼之短

每名运动员都有自己的打法和特点，也都有自己的长处和不足，如有的运动员发球好一些，有的底线能力强一些，有的网前技术好一点，有的运动员正手好、反手差等。

在进行比赛时，我们需要根据自身与对手的不足，找到一条适合自己长处发挥的途径，重点抓住对方的弱点，以我为主、积极进攻，尽量为自己掌握比赛的主动权，进而为赢得比赛奠定良好的基础。

（五）勤于观察，善于分析

在进行网球比赛时，运动员一定要善于观察对手的反应和变化，对于对方心理变化要有一个相对正确的判断，以便在比赛过程中及时调整自己的战术方法和策略，找到合适的方法增强自己的信心。在比赛程度比较激烈的时候，往往双方的心理都是互怕对方。这时就要运用心理学方面的知识，果断采取一些出其不意的攻击手段，破坏对方的作战计划，在心理上给对方以沉重打击，最终达到取胜的目的。

（六）勇猛顽强，敢打敢拼

战术实施时，必须具备果断大胆、勇猛顽强、敢打敢拼的精神，才能使战术得到充分的贯彻和运用，并取得预期的效果。因此，在日常的训练中，要培养运动员顽强的意志品质和良好的训练作风与战术作风，以保证比赛中各种战术的运用效果，达到取得比赛胜利的目的。

二、各种打法类型的基本战术方法

网球运动有各种不同的打法，不同类型打法的运动员在比赛中对战术的运用是不同的。比赛中采用的战术必须有针对性，不能用单一战术对付所有打法。下面介绍单打战术。

（一）上网型打法

上网型打法的战术指导思想主要是以网前进攻为主，并且网前进攻已然变成了运动员最主要的得分手段，上网型打法一般可以分为发球上网、随球上网、接发球上网以及偷袭上网四种。

1. 发球上网战术

发球上网是上网型选手全面利用发球的力量与速度进行主动进攻，抢占进攻的先机，是上网抢攻的一项非常重要的战术，同时也是上网型运动员的重要得分方式。

用第一发球的力量，发上旋或侧旋球至对方发球区右区外角，然后迅速上网至发球区中线偏左，主要封住对方正拍直线球，运用截击技术将球击至对方反拍区（图 6–3–1）。

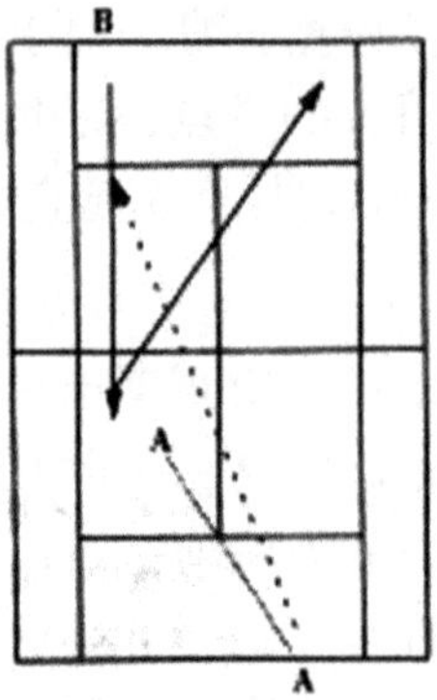

图 6–3–1

用第一发球的力量，发平击球至对方发球区右区内角，然后迅速上网至发球区中线，判断来球，截击至对方底线正反拍深区，随中场截击贴近网前 (图 6–3–2)。

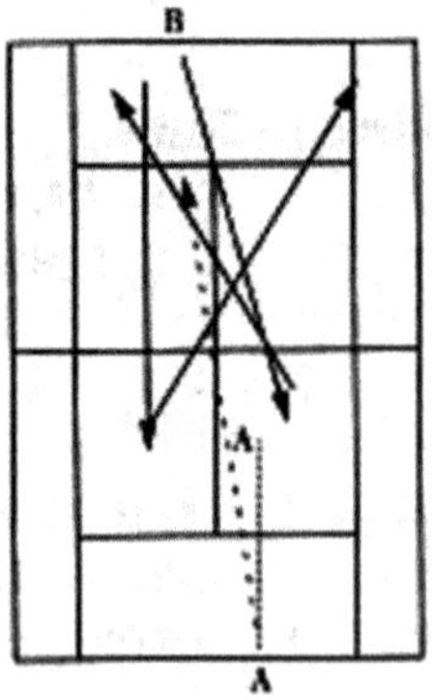

图 6–3–2

用第一发球力量，发上旋球至对方发球区左区外角，迅速上网至发球线偏右，封住对方反拍直线球，截击球至对方正拍区 (图 6–3–3)。

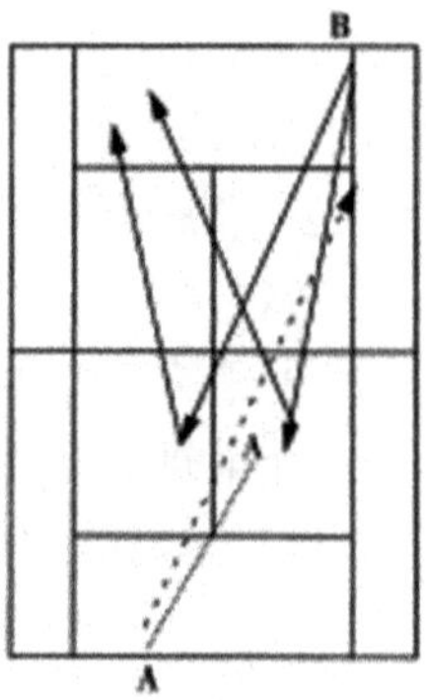

图 6–3–3

用平击发球或侧旋发球至对方发球区左区内角，迅速上网至中场，判断来球，截击至对方正反拍底线深处，然后跟进准备近网截击(图 6–3–4)。

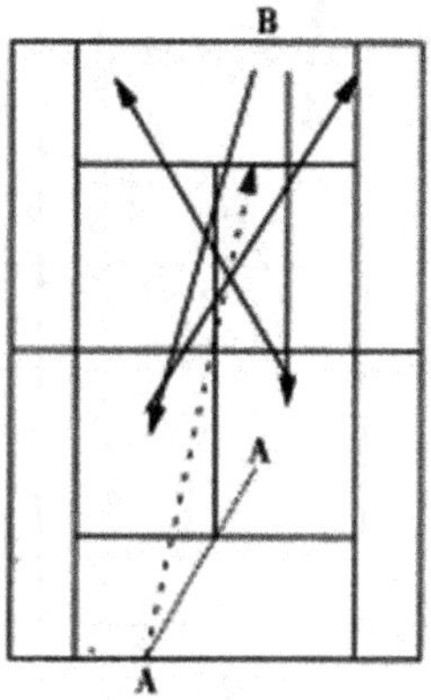

图 6–3–4

2. 接发球上网战术

在进行接发球时，一定要树立好积极主动以及抢先上手的战术意识。上网型打法的练习中最为重要的就是要学会运用多种手段来进行接发球的训练，只有将多种训练方式全面结合，才能够从真正意义上实现网球战术的进步，尤其是在进行第二发球动作时，一定要抢攻上网，努力将上网型的打法特点全面发挥出来。

接右区外角第二发球时，可用正拍抽击或推切球，回击直线后迅速上网，准备运用正反拍的截击技术将球击至对方右区底线深处(图 6–3–5)。

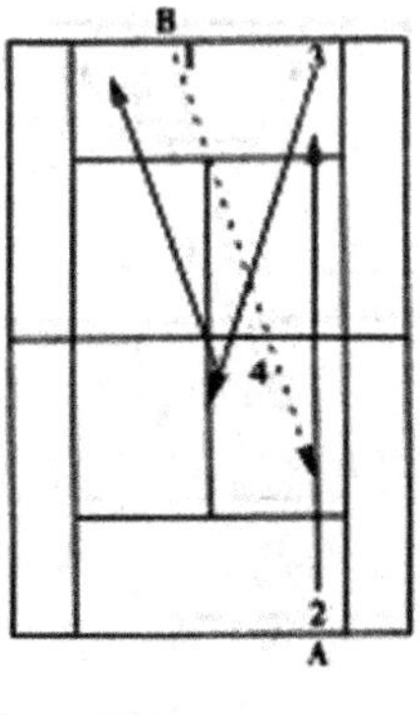

图 6–3–5

接右区内角第二发球时，可用反拍抽击或推切球，回击对方反拍后迅速上网，准备运用正反拍的截击，攻击对方的空当(图 6–3–6)。

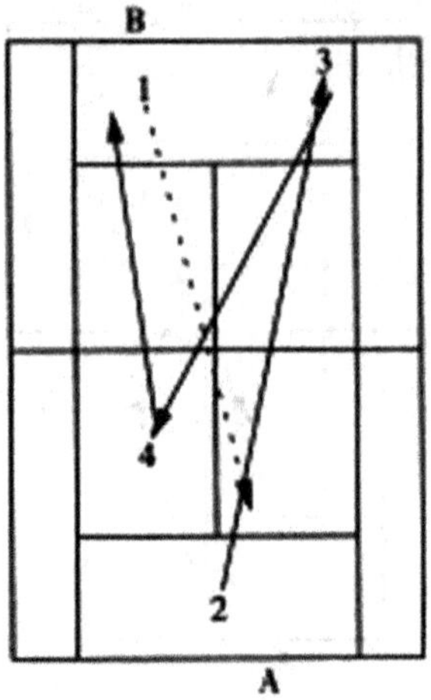

图 6–3–6

接右区内角第二发球时，可用侧身正拍抽球压打对方弱点，然后迅速上网，伺机攻击对方的薄弱环节 (图 6–3–7)。

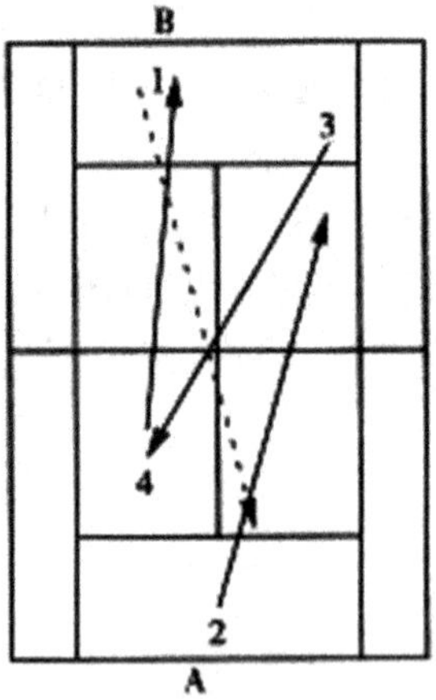

图 6–3–7

在接左区外角第二发球的时候，我们需要根据对方的技、战数情况，找到合适的方式方法回击对方的弱点，一般情况下采取的打直线上网是比较好的方式，首先在距离上占据了比较大的优势，这样留给对方准备的时间就减少了；其次是上网之后很容易封住角度（图 6–3–8）。

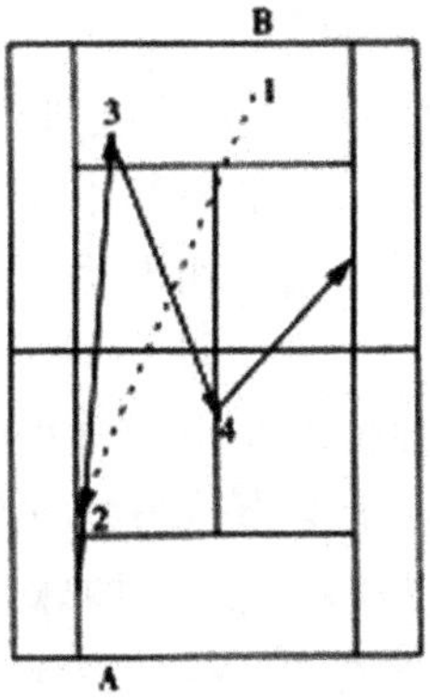

图 6–3–8

接左区内角第二发球时，可用正拍抽球或推切球，回击对方左右两点上网，封住角度攻击对方的薄弱环节 (图 6–3–9)。

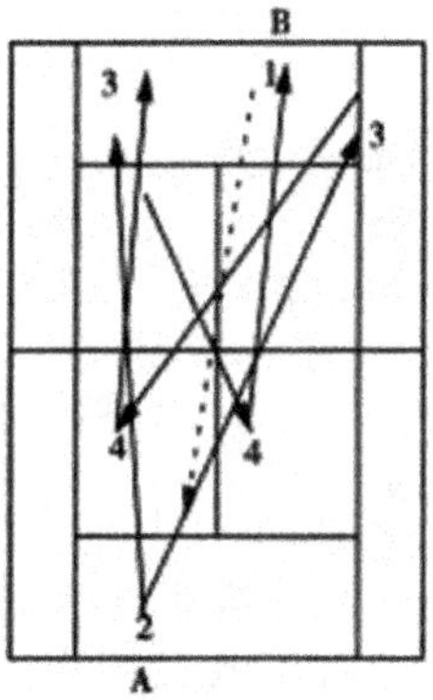

图 6–3–9

接左区外角第二发球时，根据发球质量侧身正拍狠抽对方直线或斜线后，迅速上网攻击对方空当 (图 6–3–10)。

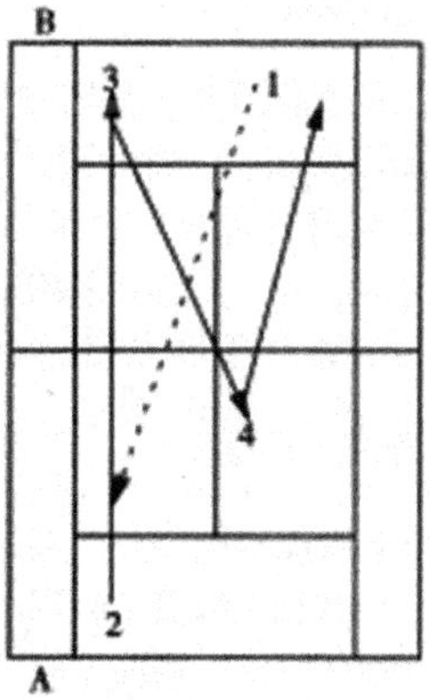

图 6–3–10

3. 随球上网战术

所谓的随球上网，就是利用双方在底线进行对攻或者是对方接发球时，一旦回合中出现质量不高的球，要果断利用正、反拍进行抽击，之后适时地运用随球上网这一战术。这种战术如果运用得当，在比赛过程中取得一定的优势还是比较容易的。

利用各种不同的球速、旋转以及不同落点的发球，使得对方在接发球之后出现差错，这在一定程度上会造成发球质量的下降，进而给对方造成随地反扑的机会，这时便可以使用正反拍抽球后随球上网的战术。

在底线相持对拉或者是对攻中，我们要学会充分利用击球的力量、速度、旋转以及落点的变化来控制对方，使对方回击球时出现失误，然后迎球抽击，随球上网，最终达到上网攻击对方的目的。

利用上旋抽球，把对方压在底线后面，等待时机突击上网。

相持中突击大角度拉开，突放小球上网。

4. 偷袭上网战术

偷袭上网战术主要是在对方由于某种因素只运用一种打法而忽略其他打法的时候，我方要运用一种变换上网的战术，彻底打破对方的进攻节奏，最终达到攻击对方的目的。

在运用发球上网战术时，一旦对手已经熟悉了我方的套路，那么，应该随时随地进行两种战术的重新组合与应用，不让对方找到击球的节奏，变换战术将对手的节奏扰乱，然后偷袭对方，达到赢球的目的。

在底线运动员对拉或者是对攻的过程中，当对方专注底线打长球时，需要突然加力或者拉上旋高球上网偷袭对方，这样往往能够使对方措手不及，造成失误。

（二）底线型打法

底线型打法的战术指导思想是以底线正反拍抽球为得分手段，利用抽球的速度、旋转和落点的变化来创造进攻机会。主要的战术方法有对攻、拉攻、侧身攻、紧逼攻、防守反击。

1. 对攻战术

对攻战术是底线型打发中较为重要的一种主动进攻得分的战术。它是用正反拍强有力的抽球，以速度力量压制对手攻击得分。

用正拍和反拍速度和力量来攻击对手的弱点，最好的方法就是用速度来寻找恰当的时机，攻击对方的防守弱点，伺机得分。

用正反拍强有力的抽球，连续压对方一点，突击其另一点。

用正反拍的有力击球，调动对方大角度跑动，同时寻找机会进攻得分。

在调动对方两边跑动时，突然连续打重复球，再变线进攻得分。

2. 拉攻战术

拉攻战术是底线型打法中最常用的一种战术，它主要是以正反拍拉上旋或者是正拍拉上旋球为主，在各个技战术运用的同时，寻找对方失误的机会，一旦出现机会，则立即反扑，给予对方致命反击。

正反拍拉强力上旋至对方底线两大角深处，不给对方上网及底线进攻的机会，本方寻找机会进行突击进攻。

正反拍拉上旋球时，增加正反手区小斜线落点，加大对方移动距离并出现质量低的回球，伺机进攻。

逼拉对方反拍深区，伺机突击正拍。

3. 侧身攻战术

侧身攻击战术是底线型打法当中最为重要的攻击手段，这种战术的特点就是用力量较大的正拍进行抽球，以此来获得良好的配合以及在步法上的移动，在进攻的时候应该选择场地的三分之二处正拍攻击对方。

连续使用正拍的方式来攻击对方，以此来获得得分的机会。

利用正拍进攻的方式，来调动对手进行移动，利用反拍来控制球的落点，寻找恰当的时机进行正拍突击。

全场逼攻对方反拍，再突击变线正拍。

用正拍连续攻击对方一点。

4. 紧逼战术

底线型打法的紧逼战术主要是以快节奏进攻来攻击对方的一种战术方式，同时也是当今世界顶级运动员比较常用的一种进攻手段。这种紧逼战术需要掌握几个要点，即控制落点、步步紧逼、正反抽击等。

在接发球的时候，利用紧逼向前不断进攻，当对手把球发出来之后，立刻上前紧逼，不给对手留下任何时间做准备，使其产生比较大的心理压力，最终找到恰当的时机发起最后攻击。

连逼对方反拍，突袭正拍，伺机上网进攻。

紧逼对方两边，使其被动和回球出错，伺机上网进攻。

5. 防守反击战术

防守反击战术在底线型打法中甚至在整个网球运动中都占有非常重要的位置，利用良好的底线控制球能力，全面发挥判断反应快、体力好、击球准等特点，让对方在进行比赛的过程中运动起来，然后寻找对手的弱点与缺陷，适时进行绝地反击。

当对方在比赛中采用发球上网进攻的战术时，接发球可以采用迎上借力接球的防守，最大限度地将球回接到对方脚下或者是两边的小角位置，然后继续准备反击破网。

对方在进行底线紧逼进攻战术时，我方可以采用底线正反拍拉上旋球到对方底线两边大角度的深点位置，不给对方任何进攻得分的机会，然后寻找合适的机会进行反攻。

对方在运用随球上网进攻的战术时，提高底线破网第一拍的成功率以及意外性，最终为第二次破网反击奠定良好的基础。

（三）综合型打法

综合型的打法要求：

具有扎实的基本功和相对全面的技术以及较好的应变能力，根据对手在场上的一些比赛状态以及比赛所运用的战术及时调整自己的技战术，灵活运用战术上的变化，利用对方失误或者是松懈的机会及时进行反扑。

（1）对付发球上网打法时，采用接发球破网或先力争接发球成功，再准备第二拍破网。

（2）在对付随球上网的打法时，我们可以采用底线打深球的战术，用正拍与对手对拉，反拍切削控制球的落点，以此来寻求进攻的机会。

（3）对付底线稳健性打法时，采用发球上网或随球上网及底线紧逼战术，以打乱对方节奏，寻求进攻机会。

（4）对付接发球上网打法的时候，必须提高一发命中率，改变发球的速度和落点，将对方的接发球节奏打乱，降低对方的击球质量，全面掌握场上比赛的主动权。

第四节　双打战术教学实践

网球运动的双打战术可以划分为发球局战术与接发球局战术，本节分别从这两个方面对网球运动的双打战术进行分析，同时对网球运动双打战术的训练方法进行阐述。

一、双打发球局战术分析

（一）双打发球局站位

发球局的战术在网球比赛中对最终成绩有很大的影响，我们应该坚持

“以我为主、以攻为主”的指导思想，从有利于发球局的战术意图来决定两个人的主要位置，之后通过比赛的具体情况，来进一步观察对方技战术的情况，然后根据对手的情况对自己的战术进行相应的调整。

下面就以此为例来对双打发球局的站位进行分析。

双上网战术在双打发球局的站位主要包括三种，即常规站位、非常规站位以及特殊站位。

1. 常规站位

在网球双打发球局的站位中，这里所说的常规站位就是异侧前后站位。而这一站位又可以分为两种，即右区发球的站位和左区发球的站位。

（1）右区发球站位。如图 6-4-1 所示，发球员 A 应站在底线右侧中点与双打边线的中间或略偏右 20~30 厘米的位置上，同伴 B 站在左侧网前距网 2~3 米、距左侧双打边线和发球区中线之间的位置上，B 以保护边区为主兼顾中路的原则 (因为如果边区空当过大被接发球员 C 以直线穿越则无法补救，而中路来球可与发球员 A 在网前拦截) 来站位。

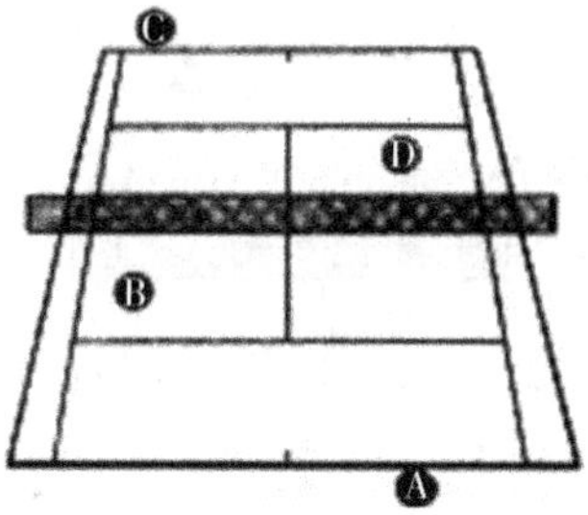

图 6-4-1

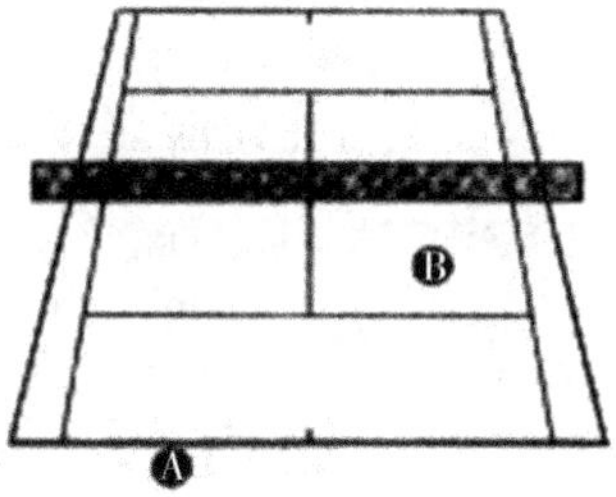

图 6-4-2

（2）左区发球站位。如图 6-4-2 所示，发球员 A 在左区双打边线与中点之间略偏左的位置。进行这样站位的主要原因就是能够使得对方两名球员之间的距离最大限度地拉开，很多右手持拍的运动员都会从左区向着对方的发球区外角击球，在击球的同时需要调整一下自己的站位，这样的调整也不会影响向对方中区内角击打的球。右侧上旋大力发球的飞行路线能够很容易地达到这一要求。

2. 非常规站位

在网球双打发球局的站位中，常规站位就是同侧前后站位。而这一站位也可以分为两种，即右区发球的站位与左区发球的站位。

（1）右区发球站位。在右区发球时发现接球员 C 擅长回击小斜线球，如图 6-4-3 所示。因为接回的球特别斜，不但网前同伴 B 无法抢截，发球员 A 冲上网后也很难处理，造成网前的被动。这主要是由于接回的球特别斜，一旦出现此种情况可以调整为图 6–4–4 所示的同侧站位的方法。

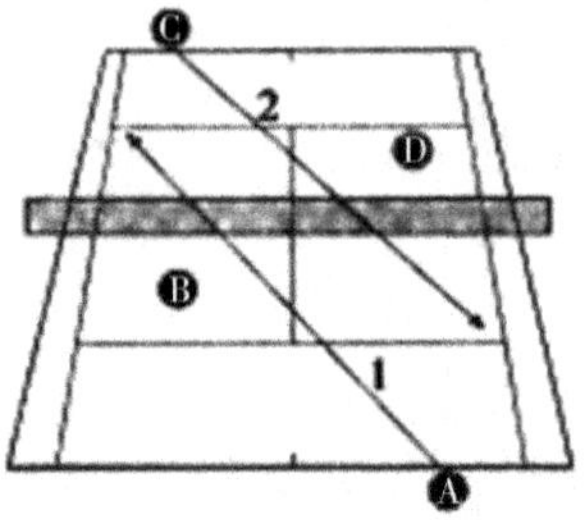

图 6–4–3

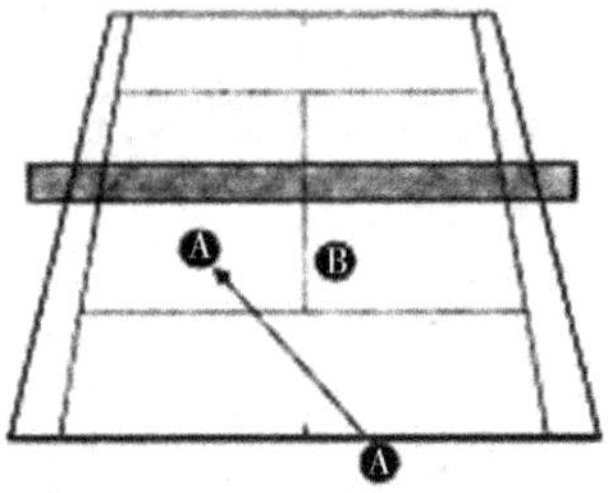

图 6–4–4

（2）左区发球站位。与右区相似，如果发现对方 D 在左区接发球擅长打破网小斜线，如图 6–4–5 所示。使我方上网进攻受阻，网前同伴 B 很难抢到，而且 A 上网后也很难处理前场的低斜球，则只好改变为左区的同侧站位以封堵小斜线的接发球 (图 6–4–6)。

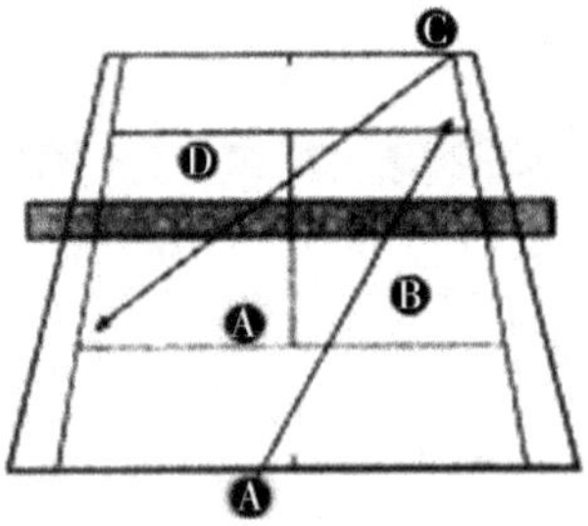

图 6–4–5

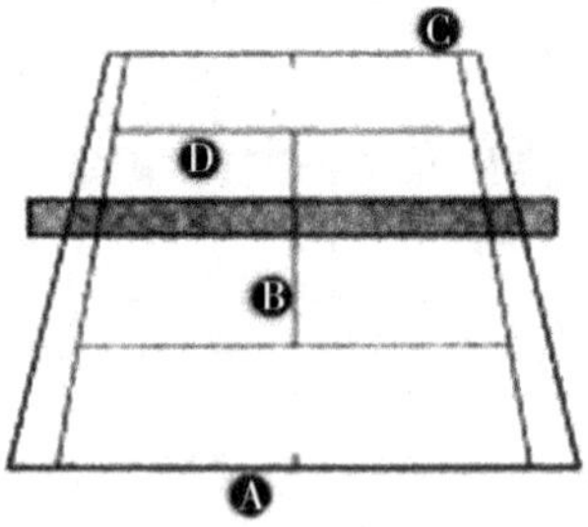

图 6–4–6

(二) 发球局双上网战术

1. 发球站位与发球落点的关系

网球发球局的双上网战术在一定程度上讲具有两种站位方式，也就是左发球区站位和右发球区站位两种，但是无论运动员采取怎样的发球方式，都需要运动员遵循一个共同原则，那就是需要靠近底线的中点位置进行发球，这样发球方式的好处就是方便下一战术的顺利执行。把球发向中路的时候，接球人也不会打出任何有角度的球，同时也能够给自己的同伴创造出更加有利的进攻条件，一旦需要换位抢网，这是最佳的站位方式。

和这种发球站位方式相反的是，越是靠近底线两侧站位，或者是靠近单打延长线（图 6-4-7），将球发向外角会更加有利。如果在发球的过程中再加上一些侧旋球，落点就可以变得更加有角度，对方在接球的时候就需要去场外回击，这中间就会出现很大的空当，但是往网前的同伴对于这样的战术情况要有一个比较清晰的认知，一旦出现抢网过快或者是过早，就很容易被对方直接破网（图 6-4-8）。由此我们不难发现，要想取得比较好的抢网效果，对于时机以及速度的把控要求是比较高的。

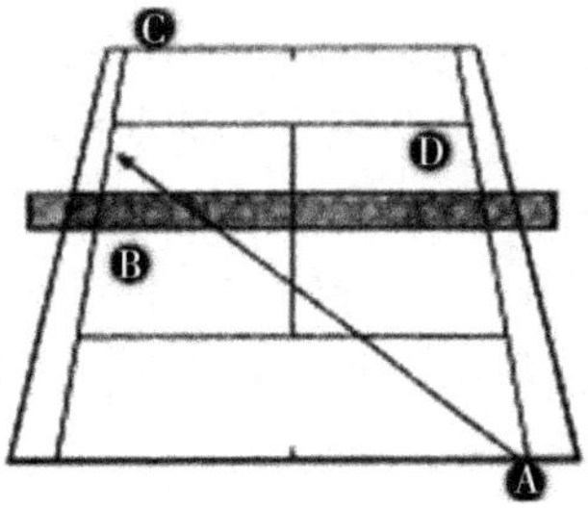

图 6-4-7

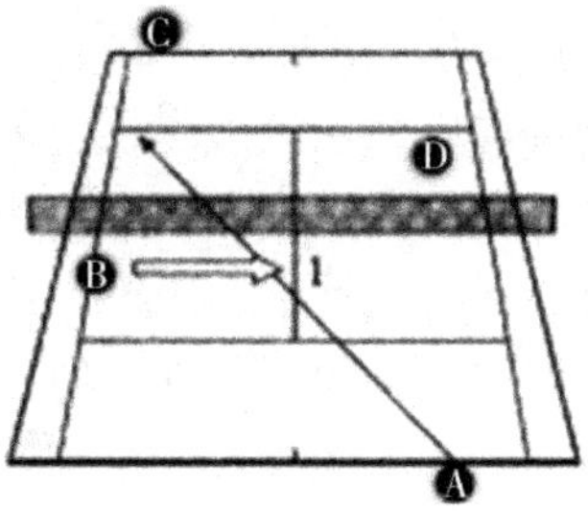

图 6-4-8

2. 发球局的抢网战术配合

通常来讲，发球局的抢网战术主要可以划分为三种形式，即一般抢网、全换位抢网与特殊站位抢网。具体内容如下。

（1）一般抢网。一般抢网也就是不进行换位的普通抢网，这种抢网的方式主要就是在我们判断好来球的方向之后，抢先站至球网中央的吊带附近，击球之后仍然回到原来的位置准备下一个动作。这种战术的运动比较广泛，在运动员进行比赛的过程中还可以根据场上的具体情况适当调整。

（2）全换位抢网。所谓的全换位抢网，就是在网前队员完成抢网动作之后与发球员进行位置的交换（图 6-4-9），具体来讲就是原来左区的队员换位至右区，右区的队员换位至左区。这种抢网方式的主要优势在于：判断坚决，合作默契，网前的队员一般都会在背后给发球的同伴做手势，进而让发球员为自己创造抢网的有利条件（图 6-4-10）。

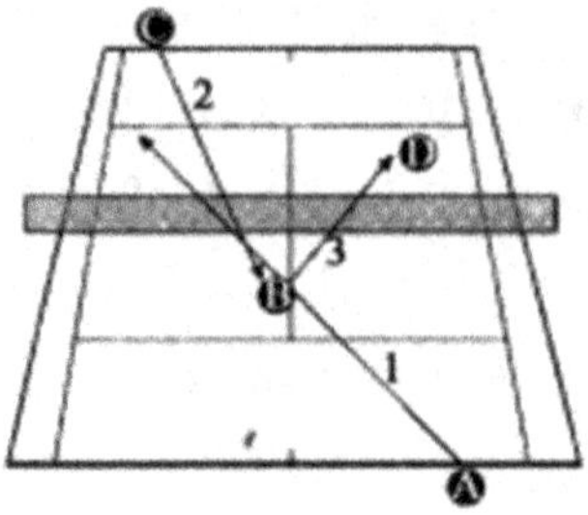

图 6-4-9

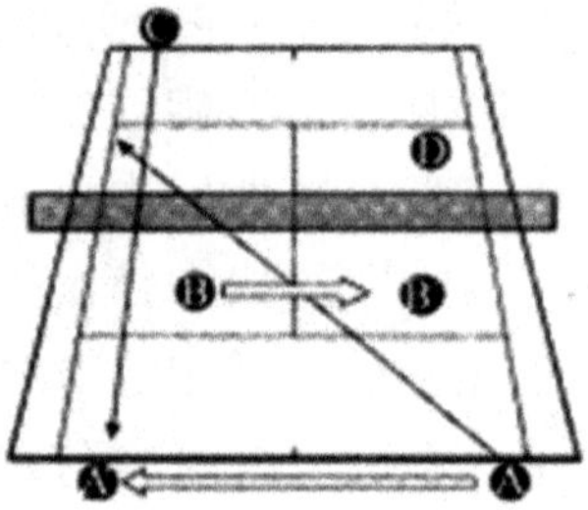

图 6-4-10

(三)发球局前后站位战术

发球局前后站位的战术也就是发球的运动员在完成发球动作之后，不会立刻上网前去，由同伴在网前进行战术的执行，形成一前一后的阵型，这种打法是整个网球运动中运用最为广泛的一种打法，即使这种打法对整个比赛的成绩来讲并不是利好条件，但是这种打法的群众基础是最为广泛的。

1. 左区发球后前后站位

如图 6-4-11 所示，当左区发球时，发球员 A 发球后不上网，接发球员 C 接球后也不上网，接球员的同伴 D 逼近网前，A 与 C 在底线对角线对抽，B 与 D 在网前伺机抢网进攻。

如图 6-4-12 所示，当 A 与 C 在左区对角线对抽时，D 逼抢太凶，A 挑直线高球过 D 的头，C 向右侧追高球与 D 换位。A 与 C 直接对抽，B 与 D 在网前伺机抢网进攻。

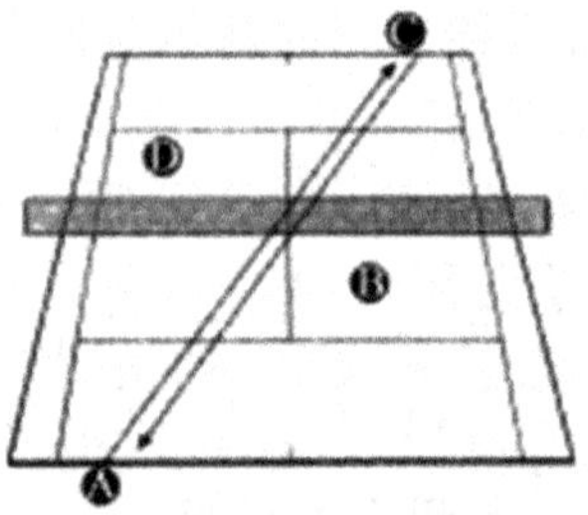

图 6-4-11

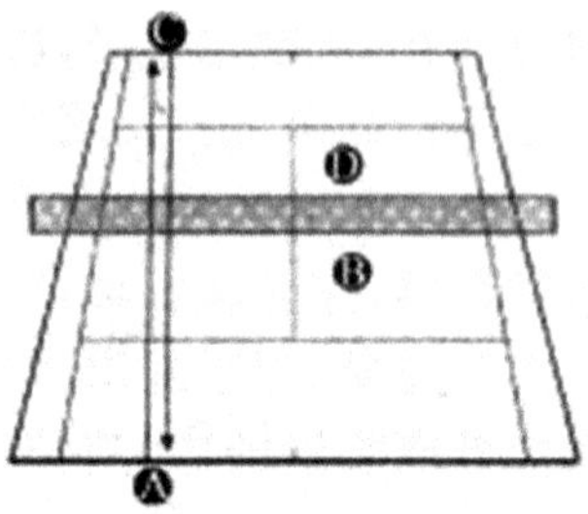

图 6-4-12

2. 右区发球后前后站位

如图 6-4-13 所示，球员 A 发球后不上网，接发球员 C 接球后也不上网，接球员同伴 D 则逼至网前与 8 处于相当的位置，A 与 C 对角线抽击，B 与 D 在网前伺机抢网。

如图 6-4-14 所示，当 A 与 C 在右区对角抽击时，D 逼网太近又抢得很凶，A 挑直线高球过 D 的头，C 向左追高球与 D 换位。A 与 C 直线对抽，B 与 D 在一侧隔网相对，伺机抢网。

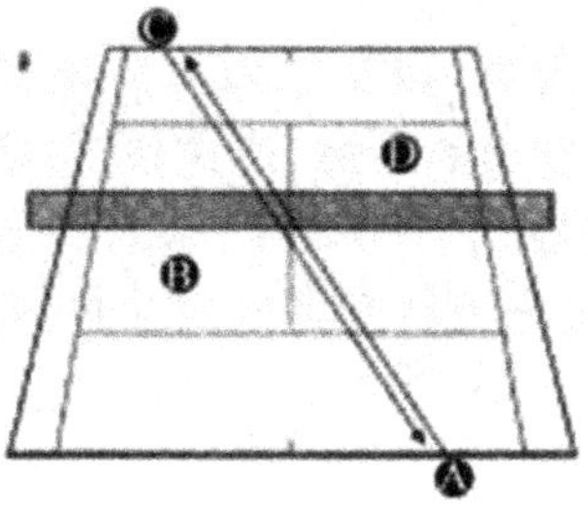

图 6-4-13

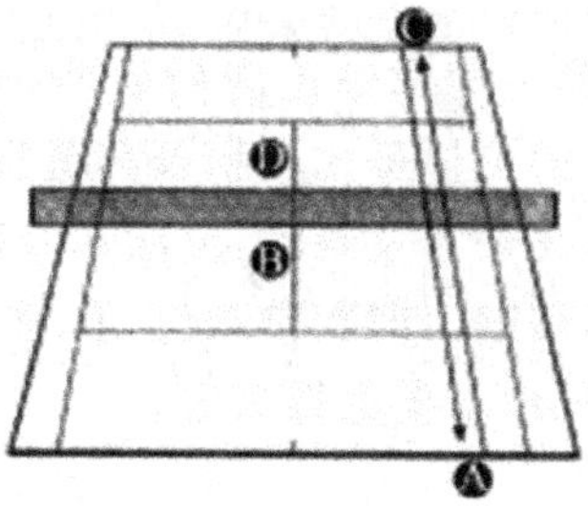

图 6-4-14

二、双打战术训练

(一) 双网前与双底线战术训练

攻防双方运动员，四人打 2 只球，来练习网前连续截击的进攻能力和底线连续破网反击能力，以对抗形式进行练习 (图 6-4-15)。

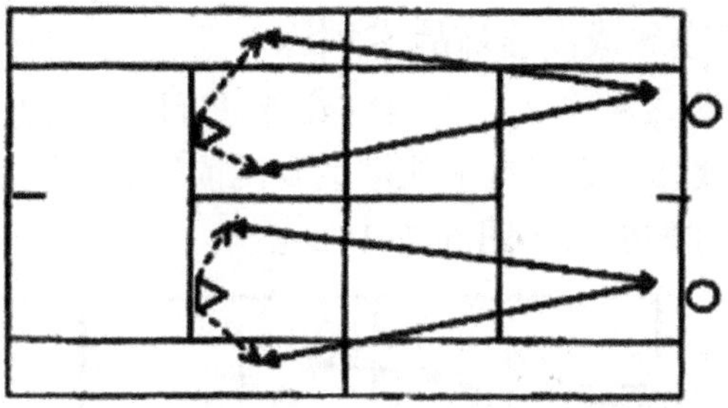

图 6-4-15

(二) 发球上网战术训练

进攻一方的球员需要一个人发球上网，另一人在网前做接球动作，两人轮流进行发球上网训练，然后继续进行双发球上网战术的配合练习。为了能够全面提高进攻一方运动员处理第一拍截击球的能力，但是执行这一战术必须要保证接发球的成功率（图 6-4-16）。

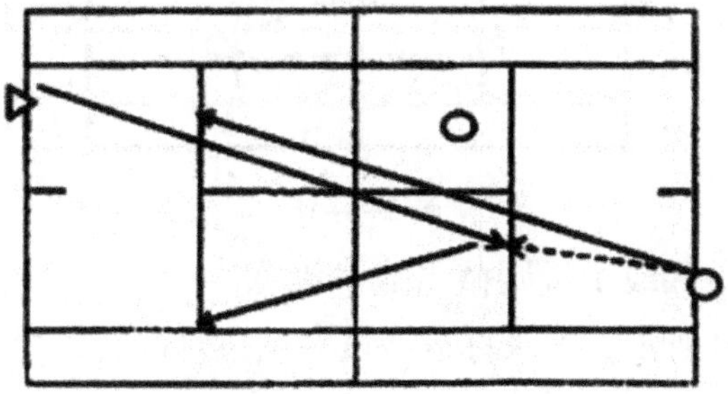

图 6-4-16

（三）底线技术破网或网前截击战术训练

进攻一方的两名球员在自己的场区位置，或左半区、或右半区、或网前、或底线处，对方球员站位则需要根据进攻一方球员站位进行选择性站位，在底线或者是网前进行半区的网前训练以及破网练习时，为了能够达到比较好的训练效果，队员们应该增加练习的次数（图 6-4-17）。

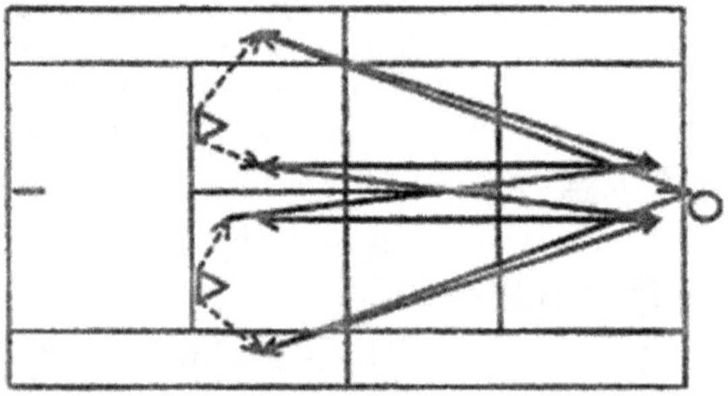

图 6-4-17

（四）截击凌空球或高压球战术训练

可采用一对二等多种形式，在中场或者是近网区域进行拦截凌空球练习，这样的练习方式在一定程度上能够达到网前快速对抗能力提高的效果，以及全面提高控制球的能力（图 6-4-18）。

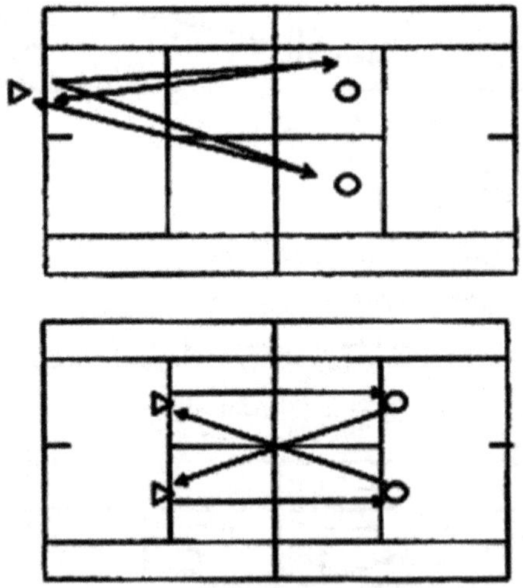

图 6-4-18

（五）限区破网或中近网截击战术训练

如图 6-4-19 所示，以双打运动员的站位为准，以中线和双打边线为限进行半区的底线穿越对中场或近网的截击教学练习。

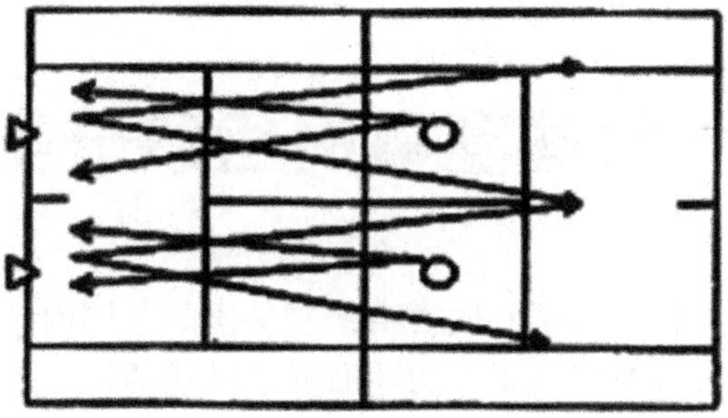

图 6-4-19

（六）多球练习培养与训练

多球练习的教学方法主要包括发球练习，接发球练习，发球上网抢网补位练习（图 6-4-20)、发球上网中场、近网、高压三拍的练习（图 6-4-21)。

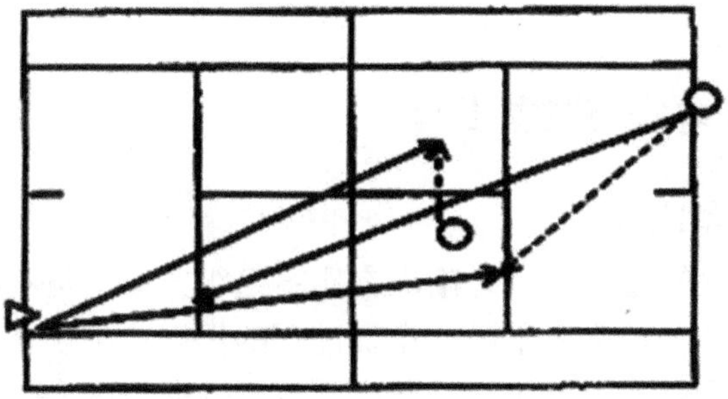

图 6-4-20

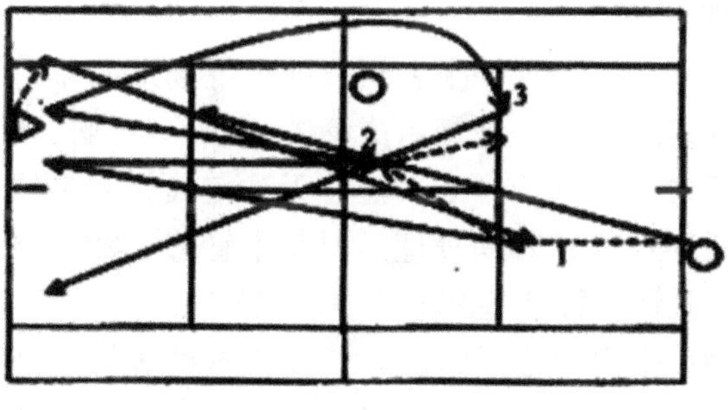

图 6-4-21

第七章　网球赛事的组织分类与管理

我国每年要举行几十个不同赛事级别的国际及国内的比赛，如上海大师赛、中国网球公开赛以及ITF的巡回赛及挑战赛等。怎样去吸引爱好这项运动的人参加各种网球比赛，是涉及网球运动发展前景的重要问题，值得我们去关注。

第一节　网球赛事的组织

一、赛前筹备与准备工作

（一）筹备比赛

首先要成立筹备组织，讨论决定比赛组织方案、竞赛规程、组织机构以及竞赛工作计划等主要主题。竞赛计划的作用，不仅在于它规定着竞赛的日期和活动内容，而且规定着举行网球竞赛的目的和方针，可使有关单位先期拟定参加竞赛的计划和制订训练纲要。

（二）赛前准备

网球比赛中，从接受选手报名到赛前训练场地安排、抽签的准备工作和实施、竞赛日程的安排，到最后成绩的公布，审判长全程负责监督。但在一些大型比赛中，裁判长一个人往往无法完成如此多的工作，这时候就需要聘请几名助理裁判长协助管理。但是不管怎么样，有两个环节仍然必须由审判长亲自监督，即抽签和安排竞赛日程。

在接受运动员报名表之后，裁判长要把这些表做一个汇总，这是抽签准备工作的重要一步。运动员的姓名、代表机构、参加项目等是汇总表上必须写清楚的信息，一是按报名的先后顺序填写报名汇总表，二是审查报名运动员参赛的竞赛项目、年龄等是否符合规程，在进行竞赛日程安排的时候可以用作参考，而且在抽签的时候也更方便。

二、制定竞赛规程与竞赛日程表

（一）制定竞赛规程

组织一次网球比赛，首先得有一个竞赛规程。竞赛规程包括好多环节，每个环节都要详细做出规定，涉及主办单位和承办单位；报名的办法、年龄限制；举办的地点、时间；比赛项目；参与单位、参与人数；竞赛规则、计分方法、比赛办法、奖励办法、裁判员等方面的规则制定。

在确定比赛规程的时候，所有内容都要精心设计。在拟定比赛办法的时候，必须考虑到运动员竞赛的负担量，本着尽量减少各个运动员体力负担的原则进行安排。关于这一点，国际惯例是，先单打后双打，且保证每人一天只有一场单打或双打比赛。

此外，确定比赛规程的时候还有充分考虑赛事期间的节假日情况，尽可能将观众期待的比赛安排在节假日进行，半决赛和决赛这两个关键场次一般都要安排在周末。

（二）做好竞赛日程表

竞赛日程表要在抽签结束后完成。竞赛日程表包括整个比赛环节的每一场次、举办场地、进行时间。做竞赛日程表的时候，要遵守竞赛规程中确定的规则。

此外要注意，网球比赛时间的规划通常都采用紧跟前场的原则。如果同一个场地要在一天内举行多场比赛，在制定赛事日程表的时候只预先确定第一场比赛的开始时间，当日随后的比赛场次开始时间要根据前一场比赛的结束时间临时确定。因为像网球这样以确定比分规则决定胜负的竞赛，其每一场比赛所需要的时间存在很大的不确定性。采用紧跟前场安排下一场比赛的办法，可以有效利用比赛场地和比赛时间。

三、安排训练场地

对于如何安排赛前训练场地，要遵守的原则是每个参赛队伍都应该有适应场地的机会。裁判长要合理、公平地安排好训练场地。如果训练场地充足，可以比较自由地进行安排，运动员甚至可以在安排表上自己签名，确定合适练习。

四、编排比赛秩序

在网球比赛中，竞赛的组织工作往往由裁判长一个人全权负责，其中抽签工作是最重要的一个环节。参赛队、运动员在比赛过程中所处参赛位次由抽签决定。根据抽签的结果，将所有项目的比赛(团体、单打、双打、混双等)秩序安排好，让每个人(队)都清楚。比赛秩序一般先安排团体，后安排单项，若有混双比赛，为避免连场，可集中两节安排，然后再安排男女单打或男女双打交替进行。

五、记录、公布成绩，资料归档

在收回的计分表上，应该有审判长的签字才能有效。在重要赛事中，计分表还有做复印备份，以免丢失，造成严重后果。抽签表、成绩公告、每日赛程秩序表、赛事公告等资料应设置公告栏，裁判长亲自或指定他人检查记分表，确定无误后公布成绩。成绩应该公布于公众瞩目的区域，以方便观众、运动员和教练员随时了解比赛情况。

第二节　网球竞赛的编排

一、竞赛制度

国际网球比赛大多采用单项比赛（戴维斯杯和联合会杯等团体比赛除外）。因为网球赛事一般赛程短、场地不足、参赛运动员较多，要在短时间完成多场比赛，所以往往采用单败淘汰制。国内的网球比赛中，除全国团体锦标赛在第一阶段采用分组循环外，其他比赛都是采用单败淘汰制。无论采取何种赛制，由组织者根据具体情况而定。网球竞赛赛制不外乎单败淘汰制、循环赛制和混合赛制。

(一)单败淘汰制

把所有参赛选手或队伍按一定的规则排列，每两个选手或队伍之间进行比赛，胜者晋级，败者出局，直到角逐出四名选手进入 1/4 决赛。1/4 决赛仍然按照之前的办法两两对决，胜出的两名选手或队伍直接进入 1/2 决赛角逐冠亚军，另外两名则再进行一场比赛角逐季军和第四名。这一比赛流程就是单败淘汰赛制。

单败淘汰制比赛的突出特点是，对于每一个参赛者来说都是非胜即败，偶然性比较大，所以每场比赛都拼尽全力，比赛过程对抗性非常强烈和精彩，有时候又往往出现黑马、爆冷等意外的戏剧性结果，大大增加了比赛的趣味性。另外，单败淘汰制可以在比较短的时间内进行参赛者众多的比赛，赛程紧凑，比较节省时间。

（二）循环赛制

让各参赛选手或队伍两两之间都进行一次比赛，这就是循环赛制。由于每个参赛方都有机会进行直接比赛，从而减少比赛结果的偶然性，比较客观真实地反映参赛者的水平，也有利于各参赛方进行经验交流，这是循环赛制的主要优点。

赛事中通常会采用轮转法来确定循环赛的比赛顺序。但也有些例外，如我国的团体锦标赛则采用 1 号位固定不动的逆时针轮转法，即

1~6

2~5

3~4

（三）混合制

如果在同一比赛项目的不同阶段中采用不同的竞赛办法，那么整个比赛过程就是混合制比赛。例如，我国的团体锦标赛就是采用这一赛制。在我国团体锦标赛中，第一阶段采用分组单循环赛制，第二阶段八名选手的比赛则采用单败淘汰制。这种赛制能够综合淘汰制与循环制的优点，既能在一定程度上缩短赛程，又能比较客观地反映参赛者的真实水平。

二、竞赛的组织

（一）位置号

确定竞赛顺序的一个重要依据是位置号。所谓位置号，就是参加比赛的运动员或队伍在赛事中所处位置的编号。

（二）轮次和轮数

计算该运动员负担量、确定比赛顺序的主要依据是轮次。除轮空者之外，同一组的所有运动员或队伍，都比赛一次，就是一轮。单循环赛需要轮转法来确定，通常采用的是 1 号位置固定的逆时针轮转法。

举一个比较简单的例子，6 个队参加单循环比赛的轮转法和轮次如表 7–2–1 所示。

表 7-2-1 6 个队参加单循环比赛的轮转法和轮次

第一轮	第二轮	第三轮	第四轮	第五轮
1 vs 6	1 vs 5	1 vs 4	1 vs 3	1 vs 2
2 vs 5	6 vs 4	5 vs 3	4 vs 2	3 vs 6
3 vs 4	2 vs 3	6 vs 2	5 vs 6	4 vs 5

再如，5 个队参加单循环比赛，则有轮空，轮空用“0”表示。轮转法和轮次如表 7-2-2 所示。

表 7-2-2 5 个队参加单循环比赛的轮转法和轮次

第一轮	第二轮	第三轮	第四轮	第五轮
1 vs 0	1 vs 5	1 vs 4	1 vs 3	1 vs 2
2 vs 5	0 vs 4	5 vs 3	4 vs 2	3 vs 0
3 vs 4	2 vs 3	0 vs 2	5 vs 0	4 vs 5

裁判组控制比赛时间和预估比赛时间的重要参数之一就是轮数。轮数在单循环赛和单败淘汰赛中具有明显不同的规律。轮数在单循环赛中都应该是单数。单循环赛中，当参赛运动员（队）正好是某个单数的时候，轮数就等于这个单数；当参赛运动员（队）正好是某个双数的时候，轮数就等于这个单数减 1。比如说，参赛运动员（队）是 15 时，轮数就是 15；而参赛运动员（队）是 16 时，轮数就是 16–1=15。

单败淘汰赛，不用轮转就可以确定轮次。单败淘汰赛的轮数由参赛运动员（队）的数目与 2 的乘方数来决定。假设参赛运动员（队）的数目为 N，取比 N 大且最接近 N 的 2 的乘方数 $M=2^x$，则 x 即为此次比赛的轮数。举一个例子：30 人参加单败淘汰赛，比 30 大且最接近 30 的 2 的乘方数是 $32=2^5$，则此次比赛的轮数就是 5。

（三）种子

在网球竞赛组织编排中，往往会设立“种子”选手。这种方法的目的是尽量克服因竞赛方式缺陷导致的不合理性和偶然性，使比赛中排名靠前（通常是前 4 名、8 名、16 名……）的选手尽可能地成为参赛选手中最优秀的一部分。这个办法主要是尽量避免优秀选手因为偶然因素被过早淘汰。

种子选手的设置不是任意的，必须遵守一些规则。国际网联有关于种子的数目和位置的规定是按照 4 : 1 的比例设置种子。这个规定主要是针对单败淘汰制。在国内的团体锦标赛上，设置种子的比例也是 4 : 1，即 16 个参赛队分 4 个组，每一组包含一个种子选手。

国际网联关于单败淘汰赛中种子的位置安排程序如下。

（1）1 号种子要安排在 1 号位，2 号种子应该安排在 16 号、32 号位或 64 号位（根据 16 号、32 号、64 号抽签表决定）。

（2）其他种子都是由抽签决定，上半区接收先抽到的，下半区接收后抽到的。

具体单败淘汰赛中种子位置的确定见表 7-2-3。

表 7-2-3 单败淘汰赛中种子的位置

		16 号位 4 个种子	24/32 号位 8 个种子	48/64 号位 16 个种子	96/128 号位 16 个种子
3 号和 4 号种子	先抽到的进上半区	5	9	17	33
	后抽到的进下半区	12	24	48	96
5 号和 6 号种子	先抽到的进上半区		8	16	32
	后抽到的进下半区		16	32	64
7 号和 8 号种子	先抽到的进上半区		17	33	65
	后抽到的进下半区		25	49	97
9 号和 10 号种子	先抽到的进上半区			9	17
	后抽到的进下半区			25	49
11 号和 12 号种子	先抽到的进上半区			40	80
	后抽到的进下半区			56	112
13 号和 14 号种子	先抽到的进上半区			8	16
	后抽到的进下半区			24	81
15 号和 16 号种子	先抽到的进上半区			41	81
	后抽到的进下半区			57	113

上面介绍的程序主要是针对大型正规赛事的种子选手选择情况。对于普通的赛事，也可以参照上面的程序设置种子选手。对于初次举办的普通赛事也可不必设置种子选手。

（四）轮空

在各种网球赛事中，通常会有轮空的现象出现。比如，单循环赛中，如果每组人数是单数的时候就会有轮空；单败淘汰赛中，如果参赛人数不等于 2 的乘方数的时候就会有轮空。这是为了保持参赛人数灵活，且尽量完善参赛次序而采取的办法。单循环赛中，每轮的轮空都是 1，总轮空数是各组轮空数的总和。单淘汰赛中轮空数的计算方法如下所示。

轮空数 = 大于且最接近人(队)数的 2 的乘方数 – 人(队)数

例如，30 人参加比赛，大于且最接近 30 的 2 的乘方数是 32，则轮空数 =32–30=2。

在单败淘汰赛网球赛事中，种子选手有首先享受轮空的权利，而且是从 1 号种子开始，依次优先轮空。即按种子的顺序由 1 号开始到最后一位种子依次轮空。如果轮空数是 2，则 1、2 号种子轮空；如果轮空数较大，比种子选手还多，那么在安排所有种子选手轮空后，剩下的轮空则由抽签决定且平均分配到其他区里。

三、竞赛的抽签

(一)抽签的准备工作

竞赛规程中，抽签时间是事先定好的，必须按照竞赛规程的规定进行抽签。正规网球赛事通常都在开赛前 24 小时以内进行抽签。一些小型比赛的预选赛（如 32 人参加的奖金较低的比赛），也可以在开赛前 1 小时进行抽签。

在抽签准备工作中，不容忽视的一项工作是汇总报名表，另一项工作是准备好抽签用具。专业的抽签用具是一个不透明的、塑料材质的圆片，它的一面写有号码，另一面则是没有差别的图案。正规的比赛中都用这种专业的抽签用具。在比较普通的赛事中，也可以用扑克牌替代专业抽签工具，一般在牌的正面写抽到的号码。

(二)确定种子数量、名单及位置

根据比赛的报名人数确定种子数量、种子名单和种子位置。

(三)轮空位置的设置

根据比赛的报名人数确定轮空人数及位置。

(四)非种子选手的进区、进位

种子选手进位和轮空位置安排后，其余是非种子的名签(扑克牌)。首先是非种子进区，在操作上应是使非种子进入没有被同单位的种子占有的区域里。非种子进区后，再进行非种子进位，通过抽签按照从上到下或者从下到上的顺序进入没有被种子选手和轮空使用的位置。

(五)循环赛的抽签方法

关于循环赛的抽签方法，下面以全国团体锦标赛为例进行说明。

参加团体赛的共 16 支队伍，先将这些队伍分平均成 4 个组进行第一轮的单循环。种子队伍是上一年度的前四名，将他们分别分进 4 个组中，然后上一年度 5~8 名的队再分别抽入 4 个组，接着 9~12 名、13~16 名的队也按照统一的办法分别抽签进入 4 个组。第一轮比赛结束后，小组赛的前 2 名晋级第二轮比赛。

第二轮与第一轮不同，为了加快比赛进度和精彩程度，第二轮要采取单败淘汰制。按这样的方法来抽签：1/4 区的顶部分别容纳 4 个小组的第一名。同时为了避免第一轮中各小组的第 1、第 2 名在单败淘汰赛的首轮中相遇，各小组的第 2 名进入与它所在小组第 1 名的位置不同的 1/2 区 (如 A 组第一名在上半区，则 A 组第二名进入下半区)，然后按上、下半区抽签进入 1/4 区的底部。这种排各小组的第 2 名采取的办法就是平常所说的先分区、后抽选位置的方法。

(六) 单败淘汰制的抽签方法

1. 人数不大于 128 人的比赛

当参加比赛的运动员（队）人数恰好是 2 的乘方数（如 8、l6、32、64、128）时，可按下列方式，采用累进的淘汰制进行比赛。

当参加比赛的运动员（队）的数目不恰好是 8、l6、32、64、128 等数的时候，第一轮必然出现轮空。安排轮空的目的是让运动员（队）在第二轮比赛中正好构成“满档”，恰好都能完全配对进行比赛。这样就可以让往后的比赛都能按照两两配对的方式顺利进行下去。

现在来介绍轮空数的计算规则。为了更直观一些，我们举例说明。如果赛事有 30 名运动员（队）参加，根据前面 的规则，我们知道这项赛事的位置数应该是 32。那么，将会有 2 个位置是轮空的，也就是说轮空数等于位置数减去参赛的运动员（队）数。与轮空位置相遇的运动员，不用进行此次比赛，将直接晋级第二轮比赛，然后他们和第一轮比赛的优胜者正好构成 2 的乘方数。

轮空先从两端开始，然后移向中间。轮空首先跟种子，例如，有 27 名运动员比赛，使用的是 32 号码位置，则在 2、31、10、23、15 或 18 号位上安置轮空。

2. 人数大于 128 人的比赛

若人数多于 128，则增加预选赛。其他预选赛淘汰一部分运动员（队）之后，就可按照上述方法继续安排比赛。

第三节　网球运动竞赛裁判法

一、裁判的职责分工

（一）裁判长的职责

通常情况下国际网联将裁判长分成两个级别，分别是金牌和银牌裁判长。通常情况下，银牌裁判长负责地区性的、较低级别的国际赛事，而金牌裁判长主要负责大型的国际比赛。

对于国内的网球赛事的裁判长的人选，必须是中国网协批准的国际级或国家级的裁判员。在国际比赛中，通常会设置裁判组。有的设置一名监督和一名裁判长。有的则只设置一名裁判长。目前我国国内的比赛仍按照一名裁判长和若干名副裁判长的模式设置。只有在全国网球巡回赛上，参照国际惯例，设监督和裁判长各一人。

国际网联的监督和裁判长应做到以下几点。

（1）担任现场终审仲裁人员，对网球规则、行为准则、竞赛准则、竞赛规则产生的所有问题，都有处理权与解释权。

（2）确保赛场四周的广告牌、挡网、墙壁不是浅色（如白色、黄色）的，以免对运动造成视线干扰。

（3）确保每个球网、场地及网柱都要符合网球规则，并且确保每一个场地都设备齐全。

（4）当有必要改善比赛中的裁判工作时，裁判长可撤换主裁判，也可撤换或轮转司线裁判员。

（5）安排每场比赛的主裁判、司线员。

（6）指定裁判组长，确保其能正确地履行职责。

（7）在赛事开始之前，安排一些必要的学习和实习，让全体裁判员能全面了解所有规则与程序。

（8）进行预选赛和正选赛的抽签工作。

（9）抽签前应从竞赛委员会处取得名单，应与竞委会核对以下事宜。

① 种子选手排位所需的排名表。

② 报名运动员的最后名单。

③ 其他抽签需要的有关资料。

（10）把赛会时钟放在固定的地点，并告知所有运动员（队）。因为人们的计时装置往往存在一些偏差，而比赛进行、评判又必须以一个标准的时间为准，所以各个赛事都必须设置赛会时钟。除另有规定外，电子表、手表等不能用作赛会时钟。赛会时钟是当次赛会的标准时钟，各场比赛的时间都以它为准。

（11）设置布告栏，当日的赛程表都要张贴在这里。布告栏应该设置在靠近运动员休息的地方，而且要在显眼的位置，设置好布告栏的地点后通知所有运动员。所有参赛运动员都有从监督和裁判长处获知每天赛程安排的权利。

（12）在开赛前应决定并通知参赛者比赛的条件(如何种赛制、地面情况、用何种网球、换球局数、用球数和其他有关事项)。

（13)在布告栏上、裁判长的办公室张贴所有签列表(正选赛、预选赛、替换失败者表等)。

（14)在赛事的前、后,为运动员(队)进场、退场安排必要的护送措施。

（15）安排每日比赛，以紧接前场的方式或限定开始时间的方式。

① 在规划比赛的开始日期和第一天的场次时，要提前与将参加比赛的运动员（队）方面取得联系，询问仍在其他地方比赛的运动员（队）能否按时赶来参赛。对于有一定困难的运动员，在不破坏公平的赛程安排的条件下，裁判长在安排比赛时可给予适当照顾。

② 预选赛：在正选赛开始的前一天，单打预选赛应全部结束。若在一天内赛完一轮以上的预选赛，其比赛顺序应由上至下或由下至上地按比赛抽签表秩序进行。通常情况下，预选赛中运动员每天最多能赛两场单打，如果遇到不良天气等不可抗力的干扰，则另当别论。

③ 正选赛：除监督或裁判长另有安排外，应安排运动员单打后进行双打。除受到不良天气等不可抗力的干扰外，每天只能安排运动员进行一场单打和一场双打。

(16) 按赛程要求，设置特定的地点，并采用一切可能的方式通知到运动员（队）上场比赛。

所有接到通知要上场比赛的运动员（队）都要上场参加比赛。在某些特殊情况下，可以由监督或裁判长决定什么时候通知运动员（队）上场进行比赛，或者裁定什么时候确已宣布过比赛。

(17) 比赛场地多种多样，这就无法避免地会有条件好的场地和条件差的场地。有时由于某些原因，好的场地可能也不适于比赛，这就需要裁判长来决定场地是否适合比赛。

(18) 有些比赛在沙地、松软地面进行。这时候裁判长要确保场地平整，各场地线的标识要清楚。

(19) 比赛期间，监督或裁判长不可离场，但监督或裁判长不能上场担任主裁判。另外，如果比赛期间运动员对裁判员的判定有异议，可到裁判长处申述，最终以裁判长的判定为准。

(20) 在比赛中，负责调查“违反行为准则”的事实，并给以恰当的处罚。对执法中有执法不公的裁判员，监督或裁判长可将其撤换；对严重违反比赛规则的运动员，监督或裁判长可依据条例取消其比赛资格或进行禁赛、罚款等处罚。

(21) 如果在比赛中遇到暴雨、大风、断电等不可抗力时，由监督或裁判长决定是否临时停赛。需要注意，由于恶劣天气等不可抗力导致的停赛，如果有必要排除运动员一天赛两场单打的可能性，监督或裁判长这时候就不需要考虑场地的地面性质或类别，将被中断的比赛移到其他可以比赛的场地进行。此外，如果是因为天黑导致光线不足需要停赛，那么应该在进行中的该盘双数局赛完或整盘结束后停赛。

(22) 决定某一场比赛是否更换场地进行。不管什么情况，第一分的第一发球已经发出的情况下，就宣布了比赛已经正式开始，在没有取得双方同意的前提下，不能交换比赛场地。在比赛双方就交换场地进行协商时，裁判不能干涉。通常要在一盘结束后或者进行中的双数局赛完后，才会更换场地。

(23) 赛后监督和裁判长最主要的两项工作如下。

① 给每位参加裁判工作的人员写一份书面鉴定，并将此鉴定和总结一起交给主办单位。

② 向赛会主办单位写出书面总结。

(二) 裁判组长的职责和工作

1. 裁判组长的职责

确定足够的高质量的主裁和司线员；赛前对主裁和司线进行培训；准备一份裁判员的名单，包括级别和邮箱等信息，在赛前交给监督和裁判长或指定的主裁；比赛期间必须在赛场；安排每天的司线。

2. 裁判组长赛前的工作

（1）了解赛事的规则要求并遵照执行。

（2）熟悉网球规则的各个方面、竞赛规程和行为准则，包括操作程序和最新改动。

（3）下载最新的比赛表格，为比赛工作做准备。

（4）确定额外主裁和司线，并了解额外主裁的机票，与参赛主办方确认。在28天内把主裁名单发给WTA或ATP确认(此条适用于国际比赛)。

（5）收集所有主裁的抵离信息并协调接机和宾馆事宜。赛前2周把完整的信息发给WTA/ATP及主办方。

（6）赛前2周把赛事的有关事宜情况通知指定主裁。

（7）制定每天裁判员上场的顺序，所做的安排必须经过监督或裁判长同意后才实施。

（8）评估裁判员场上的工作表现。

（9）协助WTA/ATP的工作人员及裁判长的工作。

3. 裁判组长赛中的工作

（1）在预选签到当天12点前到达场地，赛前1小时到达场地，比赛全程结束后离开。

（2）预选签到当天与监督和裁判长见面，并协助共同工作。

（3）安排每日司线上场，根据比赛使用的场地，安排每个场地的司线总数；分小组，确定组长；确定发球线、端线的司线，每组轮换时间，并对司线进行评估。

（4）在监督的授权下，安排主裁的工作。

（5）与监督和裁判长确定主裁的评估安排。

（6）协助监督和裁判长的工作。

(三)主裁判的职责

主裁判必须做到如下几点。

（1）熟悉行为准则、竞赛规程和网球规则中的所有条例，并且按照国际网联“裁判员职责和程序”进行各项工作。在比赛中严格做到遵守规则、严肃认真、公正无私。

（2）按照监督和裁判长的要求着装。

（3）在开赛前召集赛事双方运动员，并做到以下几点。

① 对各方运动员大致的情况做一些介绍。

② 对于运动员所穿船的服装，主裁判有权决定是否符合赛事的服装要求。对于不符合要求的服装就需要更换，更换服装不得超过15分钟，否则可取消其比赛资格。

③ 在准备活动前，要事先确定场地和发球权。办法是，在双方运动员

（队）都在场的情况下，由主裁判抛掷挑边器决定。在比赛时，如果有暂停情况，抛掷挑边器的结果持续有效，但获优先权的运动员也可重新选择。

（4）为了减少因换球浪费的时间，每次换球前，要预先开启一些球筒，并充分地检查一遍，确认没有取球障碍。确保赛场上准备有充足的比赛用球，并决定球是否适用于比赛。

（5）应备有秒表，用来计时，包括交换场地时的90秒、分与分之间20秒间歇、准备运动以及规则条款中所规定的任何其他特定时间。

（6）大型开赛前，主裁应当清楚监督或裁判长是否为运动员安排了进场和出场的安保措施，在运动员进场之前，主裁判应当提前到场。

（7）主裁对比赛中出现的“规则”问题可先做出裁决。但如果运动员对主裁判的裁决有异议的，可向监督和裁判长提出申诉。

（8）当认为有必要改进裁判工作时，可撤换、轮转任一司线员和脚误裁判员。

（9）确保双方运动员及所有临场裁判员能按规则行事。

（10）裁定比赛中所有“事实”问题。

（11）按照国际网联裁判员职责和程序的要求记录比赛记分表。

（12）当司线员或司网裁判员宣报出现听不清的情况，或当近线球需要证实以消除运动员的疑虑时，主裁判可重复宣报。

（13）在每分结束后，按照国际网联裁判员职责和程序宣报比分。

（14）当运动员出现明显脚误，而司线员没有看到或没有宣判时，主裁判应该根据程序进行宣判。

当司线员出现明显的误判时，主裁就可以进行改判，并且要在司线员错判后就马上进行改判。所有的改判都要符合国际网联裁判员职责和程序的要求。

（15）决定场地能否继续使用。遇到不可抗力时，当监督或裁判长同意暂停或改期比赛后，主裁应记录时间、发球员姓名、双方在场上的位置，以及分、局、盘等比分。如果因为天黑导致光线不足需要停赛的，要在进行中的盘的双数局赛完后，或整盘结束后停赛。

（16）比赛时，主裁应负责引导拾球员协助运动员，而不是干扰运动员。

（17）维持赛场秩序，保证比赛不受观众恶意干扰。当观众行为对比赛造成干扰时，主裁判要进行劝阻，请求观众遵守规则。

（18）如果比赛在沙地上进行，则需要检查沙土场上的球印。除沙土球场外，其他场地则不可检查球印。

（19）熟悉网球方面的英语。

（20）比赛后，主裁应向监督或裁判长全面汇报有关比赛中所执行“行为准则”的情况。

（四）司线员的分工与职责

司线员的编制有 9 人制、7 人制、5 人制、3 人制等。司线员是大型网球比赛中不可缺少的看线的裁判员。司线员在场上的位置一般是确定的。端线和发球线司线员要在边线后 3.70m 的地方就坐，边线和中线司线员要在端线后 6.40m 的地方就坐或站立。

就具体工作来讲，对司线员的要求有以下多条。

（1）每场赛前都要准时到场。

（2）司线员要身穿比赛统一规定的服装。不能穿会干扰运动员视线的白色、黄色、淡红色等浅色服装。

（3）按照国际网联裁判员职责和程序履行职责。

（4）当不能做出呼报时，应立即做未看见手势。

（5）只负责呼报自己所管辖的线，不可对他人的宣报发表意见。

（6）为争取最佳看线位置，必要时可离开座位。

（7）手势是声音的补充，做手势时手心正对主裁判。呼报和手势的顺序是先呼报后做手势。司线员的手势要大方、准确、及时。当球落在线附近的界内时，司线员双手手背朝上，放在两腿之间；在呼报脚误 (Foot Fault) 时，手心朝前，手臂上举。

（8）当球确实触地时，方可呼报“Out(出界)”或“Fault(失误)”。

（9）司线员要准确、及时地进行呼报。在运动员发球失误时要喊“Fault(失误)”，在运动员往返击球中球出界要喊“Out(出界)”。当司线员出现误判时，要立即更正错误呼报，呼报出“Correction(更正)”。

（10）当主裁判没能发现运动员有违反规则的行为，司线员要马上向主裁判报告。

（11）边线、端线或发球中线的司线员负责呼报脚误。

（12）运动员的所有询问都要交主裁判处理。当主裁判改判时，司线员应保持沉默。

（13）对于运动员的出言不逊，司线员不可回敬，但可报告主裁判，请他做出处罚。

（14）不要与观众交谈。

（15）不要为运动员鼓掌。

（16）不需要为运动员拾球或递毛巾。

（17）对主裁判的改判，司线员只能服从，不得申辩；未经主裁判允许不得离开场地。

二、司线员执法技术

（一）站姿 / 姿势

1. 站姿注意事项

（1）准备动作：身体前倾，双手放在膝盖或者大腿之上。

（2）自然放松：直立，双手相握放在背后。

司线员在比赛进行中应该通过自身的动作和姿态表现出他的专心，而这种姿态应与非比赛期间的姿态有所区别。

2. 坐姿

不要交叉双腿或交叉双臂，也不要瘫坐在椅子上。司线员要保持上身坐直，两手自然放在腿上的坐姿。

3. 长线站姿

从运动员准备发球开始，司线员一直保持准备姿势直到一分结束再回到站立姿势。发球中线司线员看完发球后回到站立姿势。

（二）手势

1. 更正、擦网、脚误手势

用一只手臂伸直上举，手心朝向主裁判同时呼报或“Correction”“Net”或“Foot Fault”。

2. 出界、发球出界手势

如果发球线和端线司线员坐在主裁判的同侧，为了让主裁判能够看清楚手势，司线员应该把同侧手臂向前伸出，确保手心要朝向主裁判。

先发声，后做手势。做手势时，五指要紧闭，手心正对着主裁判，手臂充分伸直外展指向球出界的方向。

3. 好球的手势

在一分的最后一击或者球处在运动期间，出现较近线的球时，司线员要做出好球的手势。做好球手势的时候，五指要贴紧，然后伸直双臂，将手背朝向主裁判，双手并拢指向下方。

第四节　网球运动竞赛规则

一、场地

网球场地应该是长方形，双打比赛场地的宽度为 10.97m，单打比赛的场地宽度为 8.23m，长度为 23.77m。

球网应充分打开，使两个网柱之间都拦住，网孔的大小要合适，要保证球穿不过网孔。用中心带将球网向下绷紧固定，中心高度设置为 91.4cm，网绳或钢丝绳和球网的上端应当用一条网带包裹住，中心带和网带都应完全为白色。关于球网其他要求如图 7–4–1 所示。

关于球网的其他要求
- 网绳或钢丝绳的最大直径为 0.8cm。
- 中心带的最大宽度应为 5cm。
- 球网每一边垂直向下的网带宽度应当为 5cm。

图 7–4–1

比赛场地从中间处用一张挂在绳上的球网分隔开，所使用的绳系在两根高为 107cm 的网柱上。

在双打比赛中，每侧网柱的中心都要距场地的外沿 91.4cm。

在比赛中，如果使用双打球网，那么球网要用两根高 107cm 的单打支柱支撑起来，每侧单打支柱的中心距单打场地的外沿 91.4cm。如果使用单打球网，每侧网柱的中心应距单打场地的外沿 91.4cm。关于网柱的其他要求如图 7–4–2 所示。

关于网柱的其他要求
- 网柱的边长不应超过 15cm 或直径不应超过 15cm。
- 单打支柱的边长不应超过 7.5cm 或直径不应超过 7.5cm。
- 网柱和单打支柱的上端不能超过网绳顶端以上 2.5cm。

图 7–4–2

二、一场、一盘、一局的计分规则

（一）一局中的计分规则

1. 常规发球局计分

在常规局的比赛当中，报分时注意首先应该报发球运动员的比分。计分规则如图 7–4–3 所示。

常规局的比赛计分规则

- 无得分——0。
- 第一分——15。
- 第二分——30。
- 第三分——40。
- 第四分——一局比赛结束。

图 7–4–3

如果两个选手（队伍）都得到三分，则比分应该计“平分”。在“平分”之后，如果一名选手（队伍）获得下一分，则比分为“占先”。如果“占先”后是另一方选手（队伍）获得一分，则比分仍为“平分”；如果“占先”这名选手（队伍）又获得了下一分，他(们)即赢得了这一局。一名选手（队伍）需要在“平分”后连续赢得两分，该选手（队伍）才能赢得这一局。

2. 平局决胜局计分

在需要时决胜局必须继续进行，直到一方选手（队伍）净胜对手两分为止。在平局决胜局中，用 0，1，2，3 等来计分，首先赢得七分并净胜对手两分的选手（队伍）赢得这一局及这一盘。

轮及应该发球的运动员在平局决胜局中首先发第一分球，随后的两分由他的对手发球。随后，每一名选手（队伍）轮流发两分球直到平局决胜局结束。

在平局决胜局中首先发球的选手（队伍）应当在下一盘的第一局开始

时首先接发球。

（二）一盘中的计分规则

在一盘当中，有两种计分方法：长盘制和平局决胜局制。在具体的比赛中，要事先确定并宣告使用的是哪种计分方法。此外还要特别注意的是，如果决定采用“平局决胜局制”，还要预先确定并宣告决胜盘要采用“平局决胜局制”或“长盘制”。

1. 长盘制胜负规则

先取得 6 局胜利，并且已经净胜对手两局的选手（队伍），就获得这一盘的比分。如果有需要，这盘必须持续到其中一名选手（队伍）净胜两局为止。

2. 平局决胜局制胜负规则

先取得 6 局胜利，并且已经净胜对手两局的选手（队伍），此盘获胜。局数 6∶6 时，则需进行平局决胜局。

（三）一场比赛的计分规则

一场比赛可以采用五盘三胜制，先赢得三盘的选手（队伍）赢得这场比赛；或三盘两胜制，先赢得两盘的选手（队伍）赢得这场比赛。

三、发球程序与次序

（一）发球

在开始发球动作前，发球员必须立即双脚站在端线后(即远离球网的那一侧)，中心标志的假定延长线和边线的假定延长线之内的区域。

然后，发球员应当用手将球向任何方向抛出并在球触地前用球拍将球击出。在球拍击到球或没击到球的那一时刻，整个发球动作即被认为已经完成。对于只能使用一只手臂的运动员，可以用他的球拍完成抛球。

（二）发球的程序原则

发球的程序要遵守如下原则。

（1）在一个常规发球局中，每一局的发球员都应当从场地的右半区开始，交替站在同侧场地的两个半区的后面发球。

（2）在平局决胜局中，第一分发球应当从场地的右半区开始发出，然后交替从场地的两个半区后面发球。

（三）发球次序的规定

在双打比赛中，关于发球的次序有明确的规定，比赛中要按照规定次序发球。规定的发球次序是：第一局先发球的运动员的同伴在第三局发球，第二局发球的运动员的同伴在第四局发球。按照这样的轮换次序，一直到该盘结束。此外，在每一盘第一局开始前，有先发权利的队伍要事先确定该局由谁先发球；在第二局轮到他们的对手发球时，也要事先确定由谁先发球。

（四）双打的接发球次序规定

在每一盘的第一局，首先接发球的队伍要事先确定其中一人在该局接第一分发球。在第二局开始之前，第一局后发球的队伍也需要事先确定其中一人在该第二局接第一分发球。

接球员接完发球后，该队中的任何一个运动员都可以回击球。

先接第一分发球的运动员的同伴应当接本局的第二分发球，这个次序一直延续，直到该局和该盘结束。

（五）发球失误的计算

有图 7-4-4 中的情况就计一次发球失误。

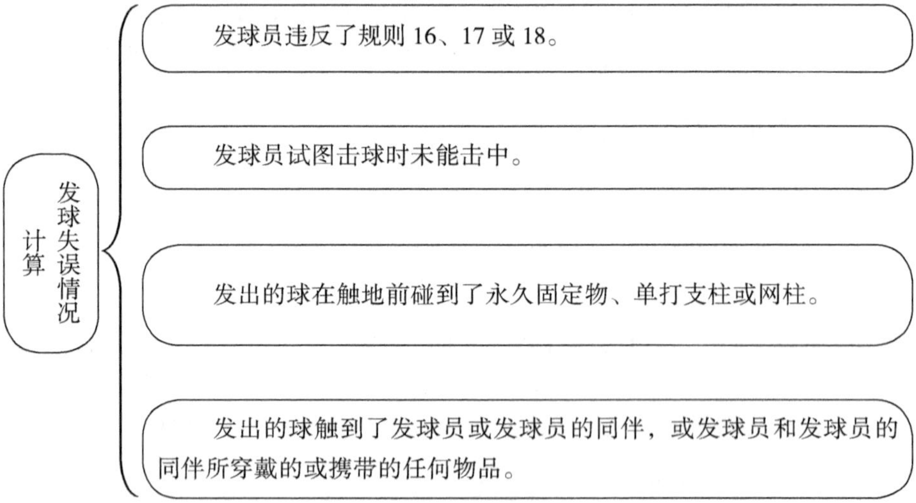

图 7-4-4

当一次发球失误时，发球员要马上从他发球失误的同一半区后面的规定位置再进行一次发球。

（六）发球中的重发规则

出现图 7-4-5 中的情况就要重新发球。

发球失误情况计算

- 发出的球触到了球网、中心带或网带后落在有效发球区内；或在触到了球网、中心带或网带后落地前又触到了接球员或其同伴，或他们所穿的或携带的任何物品。
- 球发出后，接球员没有做好准备。

图 7-4-5

重新发球时，引起重发的那次发球不会被计算在内，发球员继续发球，不过重新发球之前产生的那次发球失误则不会被取消。

四、运动员失分计算

出现图 7-4-6 中的情况，运动员将被计算失分。

运动员失分计算

- 发球员连续两次发球失误。
- 运动员在球过网前击球。
- 接球员在发球没落地前回击。
- 双打比赛中，在一次回击球时，同队的两名运动员都触到了球。
- 在活球状态下，运动员在球连续两次触地前不能将球直接回击过网；运动员回击的球在落地前触到有效击球区外的地面或其他物体；运动员回击的球在落地前触到了永久固定物；除了运动员手中球拍以外，球触到运动员的身体或他穿戴的或携带的任何物品。

图 7-4-6

五、有效回击和干扰的判定

（一）有效回击的判定

出现图 7-4-7 中的情形，属于一次有效回击。

运动员有效回击判定

- 球触到了球网、网柱／单打支柱、网绳或钢丝绳、中心带或网带，并且从上面越过球网上面后落到有效场区地内。
- 在活球状态下，运动员击出的球碰到了停在正确场地内的另一个球。
- 回击的球从网柱外侧，无论该球是高于还是低于球网的上部高度，即使触到网柱，只要落在有效的场地内。
- 球从单打支柱及其附属网柱之间的网绳下面穿过而又没有触到球网、网绳或网柱，并且落在有效区内。
- 运动员在球拍在回击自己球网一侧内的球后随球过网，球落在有效的场地内。

图 7-4-7

（二）干扰的判定

运动员在比赛中如果被干扰，有时可以获得比分。例如，在某一分的比赛中，如果遭到对手的故意干扰，那么运动员应当获得这一分。但是，如果这个干扰属于对手无法控制的或者无意的干扰，则这一分应当重赛。

参考文献

[1] 张荣魁．我国高校网球教学与训练的多维度探析［J］．长春：吉林大学出版社，2012.

[2] 易春燕．中国网球运动发展研究［M］．郑州：河南大学出版社，2014.

[3] 王杰．网球入门与技术图解［M］．北京：人民体育出版社，2006.

[4] 邱勇．羽毛球网球［M］．北京：北京师范大学出版社，2008.

[5] 杨宁．网球底线技术图解［M］．北京：北京体育大学出版社，2008.

[6] 李春艳．江苏省高校网球运动开展的现状分析及对策研究［J］．江苏南京师范大学，2008.

[7] 张民朝．体育与健康［M］．西安：陕西人民出版社，2006.

[8] 陶志翔．网球运动教程［M］．北京：北京体育大学出版社，2007.

[9] 全国体育学院教材委员会．运动训练学［M］．北京：人民体育出版社，2000.

[10] 蒋伟皓．现代网球运动技术模式研究［J］．广州体育学院学报，2005(03).

[11] 杨忠令．现代网球教程［M］．杭州：浙江大学出版社，2011.

[12] 姜富生．网球［M］．沈阳：辽宁民族出版社，2002.

[13] 殷剑巍，万建斌，黄珊．网球裁判法解析［M］．北京：人民体育出版社，2015.

[14] 陈昱．我国普通高校网球运动开展现状及对策分析［J］．沈阳体育学院学报，2005(01).

[15] 周铭共．网球世界因你而精彩［M］．北京：高等教育出版社，2007.

[16] 汪俊．网球全程点拨［M］．北京：人民体育出版社，2002.

[17] 王永盛．大学体育教育教程［M］．北京：中国书籍出版社，2008.

[18] 王保金，张军，邱宏军．中国网球文化发展方向思考［J］．体育文化导刊，2008(05).

[19] 张艳辉. 湖北省普通高校网球运动现状及发展对策研究[J]. 武汉：武汉体育学院.2006.

[20] 田野. 运动生理学高级教程[M]. 北京：高等教育出版社，2003.

[21] 田麦久. 运动训练学[M]. 北京：人民体育出版社，2000.

[22] 周海雄，祁兵. 网球技战术训练手册[M]. 北京：人民体育出版社，2007.

[23] 樊志海. 我国网球项目竞赛规程的演变对中国网球运动影响的研究[J]. 福州：福建师范大学.2016.

[24] 戚玉楼. 我国大众网球运动兴起的社会学分析与可持续发展研究[J]. 四川体育科学，2009(04).

[25] 王捷. 网球入门[M]. 合肥：安徽科学技术出版社，2005.

[26] 彭耀磊. 北京市普通高校网球课程现状及发展对策研究[J]. 北京：北京体育大学.2005.

[27] 陶志翔. 网球[M]. 北京：北京体育大学出版社，1999.

[28] 刘强，肖龙玲. 网球运动研究综述[J]. 运动，2015(20).

[29] 胡亚斌. 八位世界优秀男子职业网球选手的技战术特征[J]. 北京：北京体育大学.2005.

[30] 韩丹. 中国群众体育路向何方[J]. 体育与科学，2004(02).

[31] 周海雄. 网球运动员体能与心理训练手册[M]. 北京：人民体育出版社，2009.

[32] 田园，刘青. 中国职业网球的困境及发展趋势[J]. 成都体育学院学报，2008(02).

[33] 张钧，张蕴琨. 运动营养学[M]. 北京：高等教育出版社，2006.